WLADIMIR ILJITSCH LENIN

DIE PROLETARISCHE REVOLUTION UND DER RENEGAT KAUTSKY

manifest.
marxistische schriften.

In der Edition **marxistische schriften.** veröffentlichen wir Werke marxistischer Autor*innen, die zur Klassikerliteratur zählen und grundlegende Auseinandersetzungen mit den Ideen bestimmter Personen oder politischer Richtungen. Dabei orientieren sich die Texte zu einem größeren Teil an einer theoretischen Analyse, als einer historischen Aufarbeitung.

1. Auflage, 2023

Manifest Verlag (Arnsburg, Koschitzki, Sol e.V. GbR)
Dieffenbachstr. 17, 10967 Berlin
Telefon: (030) 24 72 38 02
Email: info@manifest-verlag.de
Internet: www.manifest-verlag.de

Korrektur: Arthur Gubar
Satz und Umschlaggestaltung: René Arnsburg
Druck: Booksfactory

ISBN 978-3-96156-125-4

Inhaltsangabe

Vorwort zur deutschen Neuauflage

1918 veröffentlichte der ehemalige führende Theoretiker der Zweiten Internationale, Karl Kautsky, die Broschüre »Die Diktatur des Proletariats«. Damit eröffnete er seinen Kampf gegen die Machtübernahme der Bolschewiki im November 1917[1] in Russland. Es sollte seine letzte größere Auseinandersetzung vor einer breiten Öffentlichkeit werden. Danach versank er zunehmend in Bedeutungslosigkeit. Faschismus, Weltwirtschaftskrise, der herannahende Zweite Weltkrieg, alles Themen für die Kautsky keine Antworten und noch weniger Gehör mehr gefunden hat.

Er begann seinen theoretischen Kampf gegen Sowjetrussland im selben Jahr, indem die Arbeiter*innenklasse den Ersten Weltkrieg beendet und Europa mit einer revolutionären Welle überzieht, die neben anderen die überkommenen Monarchien in Deutschland und Österreich-Ungarn stürzen. Es ist auch jener Weltkrieg, den zu führen Karl Kautsky und die SPD mit ihrer Akzeptanz der Kriegskredite und Burgfriedenspolitik mit der SPD dem deutschen Imperialismus erst ermöglicht hat. Vorbild für die Streikenden, Meuternden und Revoltierenden vom

1 Die Revolution fand am nach altem Kalender im Oktober, nach dem neuen modernen im November statt. Da im russischen Zarenreich noch der alte Kalender galt, fand offiziell die Revolution im Oktober statt und trägt auch diesen Namen.

Atlantik bis zum Schwarzen Meer ist die rote Fahne der Oktoberrevolution, das Beispiel der Bolschewiki gegen das sich Kautsky nun wendete. 1918 saßen Rosa Luxemburg und Karl Liebknecht noch im Zuchthaus, wurden erst kurz vor und nach der Novemberrevolution befreit. Danach ordneten sie sich sofort in die Revolution ein, versuchten sie voranzutreiben, gründeten die Kommunistische Partei Deutschlands (KPD). Sie bezahlten dafür wie viele tausend andere mit ihrem Leben. Karl Kautsky aber, stand nicht an ihrer Seite. Er war kein Revolutionär (mehr), wollte den kapitalistischen Staat und mit ihm den bürgerlichen Parlamentarismus nicht mehr stürzen, sondern retten. Der Staat wird bei ihm, wie später auch beim Austormarxismus der Zwischenkriegszeit, zu einem neutralen Gefäß, welches sowohl von links als rechts befüllt werden kann. Das stellte aber alles auf den Kopf, was Marx und Engels über den Staat als Instrument der Klassenherrschaft geschrieben hatten.

Von den Scheidemännern und Eberts ohnehin schon in die hinteren Reihen versetzt, war Kautskys Einfluss in Deutschland 1918 selbst schon überschaubar. Er war auch gar nicht mehr Mitglied der SPD (MSPD), hatte er sich doch gemeinsam mit seinem ehemaligen Widersacher im Revisionismus-Streit[2], Eduard Bernstein, aus mehr oder weniger pazifistischen Gründen in die 1917 abgespaltene Unabhängige Sozialdemokratie (USPD) abgesetzt. Kautsky entzog sich somit auch der Verantwortung für seine Rolle

2 Nach dem Tod Friedrich Engels entbrannte der sogenannte Revisionsmusstreit. Eduard Bernstein forderte eine »Revision«, also Anpassung des Marxismus an eine stetige, revolutionslose Entwicklung hin zum Sozialismus. Dafür sah er zum Beispiel die Entstehung immer größerer Kapitalgesellschaften, in denen auch breitere Schichten der Bevölkerung investierten und Miteigentümer wurden. Daraus leitete er eine schleichende Vergesellschaftung der Produktionsmittel ab.

beim und zum Kriegsausbruch 1914. Die Bolschewiki haben mit der Oktoberrevolution Verantwortung – mit allen Vor- und Nachteilen – übernommen.

Mit »Die Diktatur des Proletariats« griff er die Machtübernahme der Bolschewiki an und verurteilte sie als zu übereilt und ohne Perspektive aufgrund der Rückständigkeit Russlands. Im Lauf der Debatte argumentierte er immer stärker in Richtung einer Etappentheorie, die besagt, dass die Arbeiter*innenklasse erst die politische Macht übernehmen und an die sozialistische Umgestaltung der Gesellschaft gehen könne, wenn sich der Kapitalismus vollends entwickelt hat. Ansonsten verfalle das »Experiment«, wie Kautsky an Sowjetrussland zu belegen versuchte, letztlich in einen diktatorischen, zunehmend barbarischen, chaotischen Zustand. Ein Rückblick mit unserem heutigen Wissen scheint Kautsky recht zu geben. Sowjetrussland versank in der stalinistischen Diktatur und dem Großen Terror der 1930er Jahre. Aber das zu erkennen war nicht Kautskys Leistung, und auch nicht der Kern seiner Politik. Die Bolschewiki waren sich schon vor Kautsky darüber im Klaren, dass die Rückständigkeit Russlands eine große Herausforderung für die Oktoberrevolution sein wird. Sie gingen noch weiter, sie sahen die Revolution in Russland immer in einem Zusammenhang mit den europäischen Revolutionen und leiteten daraus ab, dass letztlich dort und besonders in Deutschland über den Ausgang der Russischen Revolution entschieden werde. Die Bolschewiki hatten hier keine Illusionen, die brachte erst der Stalinismus mit seiner Theorie vom »Sozialismus in einem Land«. Während die Bolschewiki in Sowjetrussland auf die »Hilfe« der deutschen Revolution setzen und sie unterstützten, rührte Kautsky für die deutsche Revolution 1918-23 keinen Finger. Ganz im Gegenteil, indem er sich gegen

Luxemburg und Liebknecht stellte, trug er dazu bei, den demokratischen »Abschluss« der Russischen Revolution zu verhindern und ihren Verfall in Richtung Stalinismus und Diktatur zu ebnen. Für Kautsky aber musste die Oktoberrevolution scheitern, weil sie durch die Rückständigkeit Russlands in sich das Element des Scheiterns trug. Aber das tut jede Revolution, ob in einer rückständigen Umgebung oder nicht. Es gibt keine Garantie für einen erfolgreichen Abschluss einer Revolution. Die beste Garantie ist das Vorhandensein einer in der Arbeiter*innenklasse verankerten revolutionären Partei mit einem marxistischen Programm. Das Scheitern kann endgültig nur vermieden werden, indem die Revolution vermieden wird. Das ist der politische Kern und Essenz des späten Kautsky: Evolution statt Revolution. Dabei zeigt die Bilanz von über hundert Jahren sozialdemokratischer Evolution wenig Licht, aber dafür viel Schatten: ein weiterer Weltkrieg, Faschismus, Holocaust, Entkolonialisierungskriege, Armut und Hungerkatastrophen, Absenken des Lebensstandards in den letzten dreißig Jahren, die neue Hochrüstung und Blockbildung etc. Ein großes Opfer, das die Menschheit zu erbringen hatte, um den Preis »bolschewistische« Revolutionen zu verhindern...

Trotz seines Bedeutungsverlusts war Kautsky innerhalb der Arbeiter*innenbewegung und vor allem den ehemaligen Parteien der Zweiten Internationale nicht irgendwer. Sein Name stand noch immer für die große Zeit der politischen Entwicklung der SPD und der Internationale vor ihrem Zusammenbruch am Vorabend des Ersten Weltkriegs. Das erklärt auch die Bedeutung der Antwort der Bolschewiki auf Kautskys Vorwürfe. So hat nicht nur Lenin, mit dem hier neu aufgelegten Buch, in die Debatte eingegriffen, sondern mit Trotzki und Bucharin auch zwei weitere namhafte Bolschewiki. Wie schon geschrieben versank Kautsky nach dieser Debatte zunehmend in der Versenkung. Er selbst und Lenin sind schon lange tot, die UdSSR 1991 untergegangen, Kautskys Einfluss auf die organisierte Arbeiter*innenbewegung gering. Sein Name und Werk waren in den bald neunzig Jahren seit seinem Tod nur einem kleinen, zunehmend akademischen Publikum bekannt. Warum also die Neuauflage dieser Schrift Lenins statt das Ganze in der Geschichte zu belassen? Einerseits, weil die Fragen, wie der kapitalistische Staat gestürzt und andererseits durch was er ersetzt werden muss, auch heute noch brennende Fragen sind. Schließlich offenbart uns die multiple Krise des Kapitalismus bei jedem Schritt und Tritt dessen Unfähigkeit auch nur die einfachsten Probleme zu lösen. Klimawandel, wachsende Armut, Hunger, Fluchtkatastrophen, Krieg, sinkender Lebensstandard, Rechte im Aufwind usw. – alles das gibt es auch heute noch, teilweiser wieder bzw. noch stärker als zur Zeit der Auseinandersetzung zwischen Kautsky und den Bolschewiki. Die Kernfrage, Reform oder Revolution aus Rosa Luxemburgs Zeiten steht heute noch ungebrochen auf unserer Tagesordnung.

Der späte Kautsky steht klar, für einen nichtrevolutionären, antibolschewistischen Weg. Ganz im Sinn einer dialektisch, materialistischen Geschichtsauffassung muss eine Idee auf konkretes, materielles Interesse stoßen, um sich als Theorie ausbreiten zu können. Fanden die Ideen Kautskys in den letzten achtzig Jahren wenig konkretes, materielles Interesse, ist das vor allem unter Schichten der sich radikalisierenden US-amerikanischen Gesellschaft in Veränderung begriffen. Auf der Suche nach Antworten ist dabei als vermeintlich einfachere und weniger radikale Lösung auch Karl Kautsky wieder »ausgegraben« worden. Größere Verbreitung fanden seine Theorien dabei in den letzten knapp zehn Jahren in und um die »Democratic Socialists of America« (DSA), die Präsidentschafts-Kandidaturen von Bernie Sanders und vor allem über die linke US-amerikanische Theorie-Zeitschrift »Jacobin«. Mit Donald Trump, der beeindruckenden Bewegung um »Black Lives Matters« und der neuen Protestwelle in den USA, schwappte nicht nur das »Jacobin«-Magazin mit seiner deutschen Ausgabe, sondern auch Karl Kautsky zurück nach Europa. Ausgegraben wurde aber nicht der Kautsky der Zweiten Internationale, sondern der resignierende, der »Renegat« Kautsky aus der Debatte um die Oktoberrevolution. Das ist einer der politischen Stränge, an dem die heutigen Kautskyaner*innen anknüpfen. Für einen weiteren gehen sie weiter zurück zu den Kernfragen der Spaltung der russischen Sozialdemokratie zwischen 1903 und 1912. Wesentlich ist hier ihre mit den Menschewiki gemeinsame Ablehnung des Organisationsprinzips des »Demokratischen Zentralismus«. Darin sehen sie die vorgezeichnete Entwicklung der Oktoberrevolution in die Diktatur Stalins. Stark vereinfacht geht es beim demokratischen Zentralismus darum, demokratisch gefällte, interne Entscheidungen gemeinsam mit einer Stimme nach außen umzusetzen. In ihrer Kritik gehen die Neokautskyaner*innen von Jacobin dabei von ihrem eigenen persönlichen Status Quo heute aus. Für sie könnte es eine Einschränkung bedeuten, sich in ihrer journalistischen Tätigkeit einem Mehrheitsbeschluss unterordnen zu müssen. Ihre völlige Meinungsfreiheit über ihre journalistischen Kanäle nach außen soll unangetastet bleiben. Demokratischer ist das aber nicht. Ganz im Gegenteil, es hilft den tendenziell Stärkeren mit mehr Möglichkeiten wie z. B. Zeitungen, Magazinen, Radiosendungen, Podcasts etc. ihre eigenen Ideen zu verbreiten und nicht die demokratisch Diskutierten und Beschlossenen.

Sich in Fragen der Meinungsfreiheit innerhalb einer »sozialistischen« Organisation auf Kautsky zu berufen, bringt aber auch handfeste historische Probleme mit sich. Kautsky führte den Kampf innerhalb der SPD und Zweiten Internationale gegen den Revisionismus. Diese Tendenz wurde von Eduard Bernstein geführt und von zunehmend in den bürgerlichen Parlamentarismus integrierten Schichten der Partei- und Gewerkschaftsbürokratie getragen. Statt diese Debatte mit allen Konsequenzen politisch weiterzuführen, hat die Führung unter Kautsky in Form des »Fraktionszwanges« versucht die Situation organisatorisch zu befrieden. Fraktionszwang hieß nichts anderes als, dass die Parteivertreter*innen bei Abstimmungen, z. B. im deutschen Reichstag, nicht nach eigener Überzeugung, sondern gemäß der Entscheidung in der SPD-Fraktion abstimmen mussten. Die Parteibürokratie wurde nicht politisch überzeugt, sondern im besten Fall gebremst sich noch weiter mit dem Staat zu arrangieren und sich in ihn zu integrieren. Ein letztes Mal wurde mit dem Fraktionszwang im August 1914 alles in eine Waagschale geworfen, indem kritische SPD-Abgeordnete, wie Karl Liebknecht, gezwungen wurden, für die Bewilligung der Kriegskredite zu stimmen. Damit war der Weg in den 1. Weltkrieg für das Kaiserreich frei. Nein, Karl Kautsky ist keine gute Referenz für innerparteiliche Demokratie als Alternative zum »Demokratischen Zentralismus« der Bolschewiki!

Ein weiteres Argument, das von den Neokautskyaner*innen ins Rennen geschickt wird, betrifft die Revolutionstheorie. Dabei geht es jetzt wieder um die konkrete historische Auseinandersetzung zwischen Kautsky und den Bolschewiki nach der Oktoberrevolution. Als Beweis für die Richtigkeit von Kautskys Ideen führen Sie an, dass es eben keine zentralistische, bolschewistische Partei gebraucht habe, um die Macht zu übernehmen. Am konkreten Beispiel Lettlands und Abstrichen Finnlands versuchen sie zu zeigen, wie auch mit der sozialdemokratischen Revolutionstheorie Kautskys alte Regime gestürzt werden konnten. Und das zu einem vermeintlich wesentlich geringeren Preis an Blut und Gewalt, wie im russischen Bürger*innen-Krieg. Für diese Erkenntnis braucht es aber keine schlauen Köpfe von Jacobin, dazu genügt ein oberflächlicher Blick in die Geschichte. In Deutschland, Österreich, Ungarn, Italien und in Russland selbst, wurden gemäßigte sozialdemokratische Parteien an die Spitze von Revolutionen gespült. Allein, sie sind allesamt gescheitert und sehr schnell von Konterrevolutionen eingeholt worden. Die Lehre der Oktoberrevolution ist nicht die Möglichkeit der Machtübernahme nur durch eine leninistische Partei, sondern die Etablierung und Durchsetzung einer neuen gesellschaftlichen Macht. Genau an diesem Problem sind alle sozialdemokratischen »Revolutionen« nach dem Ersten Weltkrieg gescheitert; egal ob in Deutschland, Österreich, Ungarn oder Italien. Die Tragweite ist sogar noch viel weiter, betrifft auch die Befreiungsbewegungen im antikolonialen Kampf, Chile unter Allende, die Bürger*innenrechtsbewegung der USA, die Revolutionen gegen den Stalinismus bis hin zum so genannten Arabischen Frühling im 21. Jahrhundert. Die kautskyanische Revolutionstheorie versagt permanent vor unseren Augen seit über hundert Jahren.

Und trotzdem drückt sich im heutigen, wieder erwachten Interesse an Karl Kautsky ein sich radikalisierendes Bewusstsein größer werdender Schichten aus. Ist das nicht ein Widerspruch zum gerade Geschriebenem? Nein. Es ist auf der anderen Seite auch Ausdruck der Furcht, vor dem letzten Schritt, der Erkenntnis den Kapitalismus nicht reformieren, sondern nur stürzen zu können. Diesen Schritt zu gehen, hilft Lenins Buch und das rechtfertigt nicht nur die neue Auflage, sondern macht es auch zur weiterhin zur unverzichtbaren Lektüre im 21. Jahrhundert.

Albert Kropf
Wien, September 2023

Vorwort

Die kürzlich in Wien erschienene Broschüre Kautskys »Die Diktatur des Proletariats« (Wien 1918, Ignaz Brand, 63 Seiten) ist ein höchst anschauliches Beispiel für jenen vollständigsten und schändlichsten Bankrott der II. Internationale, von dem alle ehrlichen Sozialisten aller Länder längst sprechen. Die Frage der proletarischen Revolution wird jetzt in einer ganzen Reihe von Staaten praktisch auf die Tagesordnung gesetzt. Darum ist eine Analyse der Renegatensophismen Kautskys und seines völligen Abfalls vom Marxismus eine Notwendigkeit.

Zunächst aber sei betont, dass der Schreiber dieser Zeilen seit den allerersten Tagen des Krieges wiederholt auf Kautskys Bruch mit dem Marxismus hat hinweisen müssen. Eine Reihe von Artikeln der Jahre 1914-1916 in den im Ausland erschienenen Organen »Sozialdemokrat«[1] und »Kommunist« war dem gewidmet. Diese Artikel sind gesammelt in dem vom Petrograder Sowjet herausgegebenen Buch: G. Sinowjew und N. Lenin, »Gegen den Strom«, Petrograd 1918 (550 Seiten). In einer 1915 in Genf herausgegebenen Broschüre, die gleich ins Deutsche und Französische übersetzt wurde, schrieb ich über das »Kautskyanertum«:

> *»Kautsky, die größte Autorität der II. Internationale, ist ein höchst typisches und krasses Beispiel dafür, wie das Lippenbekenntnis zum Marxismus in der Tat zu seiner Verwandlung in ›Struvismus‹ oder ›Brentanismus‹ ge-*

1 »*Sozialdemokrat*« - erschien seit 1908 in Paris. Vom 15. Januar 1910 an Zentralorgan der SDAPR. Von Ende 1911 bis 1917 Zeitung der Bolschewiki; einer ihrer ständigen Redakteure war W. I. Lenin.

führt hat« (d.h. in eine bürgerlich-liberale Lehre, die einen nichtrevolutionären »Klassen«kampf des Proletariats anerkennt, was der russische Schriftsteller Struve und der deutsche Volkswirtschaftler Brentano besonders krass zum Ausdruck brachten). »*Wir sehen das auch am Beispiel Plechanows. Mittels offenkundiger Sophismen wird der Marxismus seiner revolutionären lebendigen Seele beraubt, man akzeptiert vom Marxismus* alles, nur nicht *die revolutionären Kampfmittel, die Propagierung und Vorbereitung dieser Kampfmittel, die Erziehung der Massen gerade in dieser Richtung. Prinzipienlos ›versöhnt‹ Kautsky den Grundgedanken des Sozialchauvinismus, die Anerkennung der Vaterlandsverteidigung in diesem Krieg, mit einem diplomatischen, mit einem zur Schau gestellten Zugeständnis an die Linken in Form der Stimmenthaltung bei der Abstimmung über die Kredite, in Form eines beredten Bekenntnisses zu seiner oppositionellen Stellung usw. Kautsky, der 1909 ein ganzes Buch über das Nahen der Epoche der Revolutionen und über den Zusammenhang von Krieg und Revolutionen geschrieben, - Kautsky, der im Jahre 1912 das Baseler Manifest über die revolutionäre Ausnutzung des kommenden Krieges unterzeichnet hat, rechtfertigt und beschönigt jetzt in allen Tonarten den Sozialchauvinismus und gesellt sich, gleich Plechanow, der Bourgeoisie, um jeden Gedanken an die Revolution und alle Schritte zum unmittelbar revolutionären Kampf zu verspotten.*

Die Arbeiterklasse kann ihre internationalen revolutionären Ziele nicht verwirklichen, ohne einen schonungslosen Kampf zu führen gegen dieses Renegatentum, diese Charakterlosigkeit, diese Liebedienerei vor dem Opportunismus und gegen diese beispiellose theoretische Vulgarisierung des Marxismus. Das Kautskyanertum ist nichts Zufälliges, sondern ein soziales Produkt der Widersprüche in der II. Internationale, der Vereinigung von Treue zum Marxismus in Worten mit Unterwerfung unter den Opportunismus in der Tat.« (G. Sinowjew und N. Lenin, »Sozialismus und Krieg«, Genf 1915, S. 13-14.)

Weiter. In dem 1916 geschriebenen Buch: »Der Imperialismus als jüngste Etappe des Kapitalismus« (1917 in Petrograd erschienen)[2], habe ich die theoretische Falschheit aller Kautskyschen Betrachtungen über den Imperialismus ausführlich analysiert. Ich führte die Kautskysche Definition des Imperialismus an: *»Der Imperialismus ist ein Produkt des hochentwickelten industriellen Kapitalismus. Er besteht in dem Drange jeder industriellen kapitalistischen Nation, sich ein immer größeres* agrarisches *(von Kautsky hervorgehoben) Gebiet einzuverleiben oder zu unterwerfen ohne Rücksicht darauf, von welchen Nationen es bewohnt wird.«* Ich zeigte die völlige Unrichtigkeit dieser Definition und ihre »Eignung« zum Vertuschen der tiefsten Widersprüche des Imperialismus und sodann zur Aussöhnung mit dem Opportunismus. Ich führte meine Definition des Imperialismus an: *»Der Imperialismus ist der Kapitalismus auf einer Entwicklungsstufe, auf der die Herrschaft der Monopole und des Finanzkapitals sich herausgebildet, der Kapitalexport eine hervorragende Bedeutung gewonnen, die Verteilung der Welt durch die internationalen Truste begonnen hat und die Aufteilung des gesamten Territoriums der Erde durch die größten kapitalistischen Länder abgeschlossen ist.«* Ich wies nach, dass Kautskys Kritik des Imperialismus sogar unter der bürgerlichen, spießerhaften Kritik des Imperialismus steht.

Schließlich, im August und September 1917, d.h. vor der proletarischen Revolution in Russland (7. November [25.

2 2017 bei Manifest wieder aufgelegt als »Der Imperialismus als höchstes Stadium des Kapitalismus«, ISBN 978-3-96156-016-5

Oktober] 1917), verfasste ich die Anfang 1918 in Petrograd erschienene Schrift: »Staat und Revolution. Die Lehre des Marxismus vom Staat und die Aufgaben des Proletariats in der Revolution.«[3] Und hier, im VI. Kapitel, *»Die Vulgarisierung des Marxismus durch die Opportunisten«*, richtete ich auf Kautsky mein besonderes Augenmerk und wies nach, dass er die Marxsche Lehre völlig verzerrt, sie opportunistisch verfälscht und *»sich von der Revolution in der Tat losgesagt hat bei einem Bekenntnis zu ihr in Worten.«*

Im Wesentlichen besteht der theoretische Grundfehler Kautskys in seiner Broschüre über die Diktatur des Proletariats gerade in jenen opportunistischen Verzerrungen der Marxschen Lehre vom Staat, die in meiner Schrift »Staat und Revolution« im Einzelnen aufgedeckt worden sind.

Diese Vorbemerkungen waren notwendig, denn sie beweisen, dass Kautsky von mir offen des Renegatentums bezichtigt wurde, schon lange bevor die Bolschewiki die Staatsmacht ergriffen und deswegen von Kautsky verurteilt wurden.

3 Ebenfalls 2017 bei Manifest neu aufgelegt, ISBN 978-3-96156-008-0

Wie Kautsky Marx in einen Dutzendliberalen verwandelt hat

Die grundlegende Frage, die von Kautsky in seiner Broschüre berührt wird, ist die Frage nach dem Wesensinhalt der proletarischen Revolution, die Frage nämlich der Diktatur des Proletariats. Das ist die Frage, die namentlich in der Gegenwart für alle Länder, besonders für die fortgeschrittenen, besonders für die kriegführenden, die allergrößte Bedeutung hat. Man kann ohne Übertreibung sagen, dass das die allerwichtigste Frage des ganzen proletarischen Klassenkampfes ist. Deshalb ist es nötig, aufmerksam auf sie einzugehen.

Kautsky stellt die Frage folgendermaßen: *»der Gegensatz der beiden sozialistischen Richtungen«* (d.h. der Bolschewiki und der Nichtbolschewiki) sei der *»Gegensatz zweier grundverschiedener Methoden: der* demokratischen *und der* diktatorischen.« (S. 3.)

Bemerken wir nebenbei, dass Kautsky, indem er die Nichtbolschewiki in Russland, d.h. die Menschewiki und Sozialrevolutionäre Sozialisten nennt, sich von ihrem Namen, d.h. von einem Wort, leiten lässt, nicht aber von der *tatsächlichen Stellung*, die sie im Kampf des Proletariats gegen die Bourgeoisie einnehmen. Eine glänzende Auffassung und Anwendung des Marxismus! Aber darüber Ausführlicheres weiter unten.

Zunächst die Hauptsache: die große Entdeckung Kautskys von dem *»grundverschiedenen Gegensatz«* zwischen *»der demokratischen und der diktatorischen Methode.«* Das ist der Kern der Frage. Darin besteht das ganze Wesen der Kautskyschen Broschüre. Und das ist eine so ungeheuerliche theoretische Konfusion, eine so vollständige Verleugnung des Marxismus, dass Kautsky, man muss das anerkennen, Bernstein weit hinter sich lässt.

Die Frage der Diktatur des Proletariats ist die Frage des Verhältnisses des proletarischen Staates zum bürgerlichen Staat, der proletarischen Demokratie zur bürgerlichen Demokratie. Man sollte meinen, das sei klar wie der Tag. Kautsky aber, genau wie irgendein durch ewiges Wiederholen der Geschichtslehrbücher vertrockneter Gymnasialprofessor, wendet sich hartnäckig mit dem Hintern zum 20. Jahrhundert, mit dem Gesicht zum 18. Jahrhundert und zum hundertsten Mal, unglaublich langweilig, in einer ganzen Reihe von Paragraphen, kaut und wiederkäut er das alte Zeug vom Verhältnis der bürgerlichen Demokratie zum Absolutismus und Mittelalter!

Fürwahr, wie im Schlaf faselt er dummes Zeug!

Das heißt doch aber schon, den Dingen vollkommen verständnislos gegenüberstehen. Die Bemühungen Kautskys, die Sache so hinzustellen, als gebe es Leute, die *»Verachtung der Demokratie«* (S. 11) u. a. m. predigten, rufen doch nur ein Lächeln hervor. Mit solchen Narrenpossen muss Kautsky die Frage vertuschen und verwirren, denn er stellt die Frage auf liberale Art, als Frage der Demokratie schlechthin und nicht der bürgerlichen Demokratie; er vermeidet sogar diesen genauen Klassenbegriff und bemüht sich, von einer »vorsozialistischen« Demokratie zu sprechen. Nahezu ein Drittel der Broschüre, 20 von 63 Seiten, hat unser Kannegießer mit einem Geschwätz gefüllt, das der Bourgeoisie sehr genehm ist, denn es kommt einer Beschönigung der bürgerlichen Demokratie gleich und vertuscht die Frage der proletarischen Revolution.

Aber der Titel der Broschüre Kautskys lautet doch immerhin »Die Diktatur des Proletariats.« Dass gerade darin das Wesen der Marxschen Lehre besteht, ist allgemein bekannt. Auch Kautsky musste nach dem ganzen Geschwätz, das nicht zum Thema gehört, die Marxschen Worte von der Diktatur des Proletariats anführen.

Wie das der »Marxist« Kautsky macht, das ist schon eine richtige Komödie! Man höre:

»Diese Auffassung« (in der Kautsky eine Verachtung der Demokratie erblickt) *»stützt sich auf ein Wort von Karl Marx«* – so heißt es buchstäblich auf Seite 20. Und auf Seite 60 wird das sogar in der Form wiederholt: *»Da erinnerte man«* (die Bolschewiki) *»sich rechtzeitig des Wörtchens«* (buchstäblich so: des Wörtchens!!) *»von der Diktatur des Proletariats, das Marx einmal 1875 in einem Briefe gebraucht hatte.«* Das *»Wörtchen«* von *Marx* lautet;

> *»Zwischen der kapitalistischen* und *der kommunistischen Gesellschaft liegt die Periode der revolutionären Umwandlung der einen In die andere. Der entspricht auch eine politische Übergangsperiode, deren Staat nichts anderes sein kann, als die revolutionäre Diktatur des Proletariats.«*[4]

Erstens, diese berühmten Ausführungen von Marx, die das Fazit seiner ganzen revolutionären Lehre ziehen, als »ein Wort« oder gar als »Wörtchen« zu bezeichnen, heißt den Marxismus verhöhnen, heißt ihn völlig verleugnen.

4 Karl Marx: Kritik des Gothaer Programms. Randglossen zum Programm der deutschen Arbeiterpartei. Manifest 2017, Berlin. S. 22.

Man darf nicht vergessen, dass Kautsky Marx nahezu auswendig kennt, dass er, nach allen seinen Schriften zu urteilen, im Schreibtisch oder im Kopf eine Reihe hölzerner Kästchen besitzt, in denen alles, was Marx geschrieben hat, aufs genaueste und bequemste zum Zitieren geordnet ist. Kautsky *muss unbedingt wissen*, dass sowohl Marx als auch Engels in Briefen wie in ihren gedruckten Werken *wiederholt* von der Diktatur des Proletariats gesprochen haben, und das besonders sowohl vor als auch nach der Kommune. Kautsky muss doch wissen, dass die Formel »Diktatur des Proletariats« lediglich die historisch konkretere und wissenschaftlich genauere Darlegung der Aufgabe des Proletariats ist, die bürgerliche Staatsmaschinerie »zu zerbrechen«, einer Aufgabe, von der sowohl Marx als auch Engels unter Berücksichtigung der Erfahrung der Revolutionen von 1848 und noch mehr der von 1871, seit 1852 bis 1891, *vierzig Jahre lang* sprechen.

Wie ist die ungeheuerliche Entstellung des Marxismus durch den im Marxismus so bewanderten Kautsky zu erklären? Spricht man von den philosophischen Grundlagen dieser Erscheinung, so läuft die Sache auf die Vertauschung der Dialektik mit Eklektizismus und Sophistik hinaus. Kautsky ist ein großer Meister solch einer Unterschiebung. Spricht man praktisch politisch, so handelt es sich um Lakaientum gegenüber den Opportunisten, d.h. letzten Endes gegenüber der Bourgeoisie. Seit Kriegsbeginn hat Kautsky, immer rascher fortschreitend, die höchste Meisterschaft in dieser Kunst erreicht, Marxist in Worten und Lakai der Bourgeoisie in der Tat zu sein.

Noch mehr überzeugt man sich davon, wenn man sich ansieht, wie wunderbar Kautsky das »Wörtchen« Marxens von der Diktatur des Proletariats »ausgelegt« hat. Man höre:

»Marx hat es leider unterlassen, ausführlicher zu zeigen, wie er sich diese Diktatur vorstellt…« (Ein durch und durch verlogener Satz eines Renegaten, denn Marx und Engels haben ja gerade eine Reihe sehr ausführlicher Hinweise gegeben, die der marxistische Schriftgelehrte Kautsky absichtlich umgeht.) *»… Buchstäblich genommen bedeutet das Wort die Aufhebung der Demokratie. Aber freilich buchstäblich genommen bedeutet es auch die Alleinherrschaft eines einzelnen, der an keinerlei Gesetze gebunden ist. Eine Alleinherrschaft, die sich von einem Despotismus dadurch unterscheidet, dass sie nicht als ständige Staatseinrichtung, sondern als eine vorübergehende Notstandsmaßregel gedacht ist.*

Der Ausdruck ›Diktatur des Proletariats‹, also Diktatur nicht eines einzelnen, sondern einer Klasse, schließt bereits aus, dass Marx hierbei an eine Diktatur im buchstäblichen Sinne des Ausdrucks gedacht hat.

Er sprach hier nicht von einer Regierungsform, *sondern einem Zustande, der notwendigerweise überall eintreten müsse, wo das Proletariat die politische Macht erobert hat. Dass er hier keine Regierungsform im Auge hatte, wird schon dadurch bezeugt, dass er der Ansicht war, in England und Amerika könne sich der Übergang friedlich, also auf demokratischem Wege vollziehen.«* (S. 20.)

Wir haben absichtlich diese ganze Argumentation ungekürzt gebracht, damit der Leser klar sehen könne, mit welchen Methoden der »Theoretiker« Kautsky operiert.

Es gefiel Kautsky, an die Frage in der Weise heranzutreten, dass er mit der Definition des »Wortes« Diktatur anfing.

Schön. Es ist jedermanns gutes Recht, an eine Frage beliebig heranzutreten. Nur muss man das ernste und ehrliche Herantreten an eine Frage von dem unehrlichen unterscheiden. Wer bei der gegebenen Art der Behandlung des Problems sich ernst zur Sache verhalten wollte, der müsste seine *eigene Definition* des »Wortes« geben. Dann wäre die Frage klar und offen gestellt. Kautsky tut das nicht. *»Buchstäblich genommen«*, schreibt er, *»bedeutet das Wort Diktatur die Aufhebung der Demokratie.«*

Erstens ist das keine Definition. Wenn es Kautsky beliebt, einer Definition des Begriffs Diktatur aus dem Wege zu gehen, wozu brauchte er auf die vorliegende Weise an die Frage heranzutreten?

Zweitens ist das offenkundig falsch. Für einen Liberalen ist es natürlich, von »Demokratie« schlechthin zu sprechen. Ein Marxist wird nie vergessen zu fragen: *»für welche Klasse?«* Jedermann weiß beispielsweise – und der »Historiker« Kautsky *weiß* das ebenfalls –, dass Aufstände oder selbst starke Gärungen unter den Sklaven im Altertum sofort das Wesen des antiken Staates als einer *Diktatur der Sklavenhalter* offenbarten. Hob diese Diktatur die Demokratie *unter den Sklavenhaltern*, die Demokratie für sie auf? Jedermann weiß, dass das nicht der Fall war.

Der »Marxist« Kautsky hat einen ungeheuerlichen Unsinn und eine Unwahrheit gesagt, denn er hat den Klassenkampf *»vergessen«* …

Um aus der liberalen und verlogenen Behauptung, die Kautsky aufgestellt hat, eine marxistische und wahre Behauptung zu machen, muss man sagen: eine Diktatur bedeutet nicht unbedingt die Aufhebung der Demokratie für diejenige Klasse, die diese Diktatur über die andern Klassen ausübt; sie bedeutet aber unbedingt die Aufhebung der Demokratie (oder ihre äußerst wesentliche Einschränkung, was auch eine Form der Aufhebung ist) für die Klasse, über welche oder gegen welche die Diktatur ausgeübt wird.

Aber wie wahr diese Behauptung auch sein mag, eine Definition des Begriffes Diktatur gibt sie dennoch nicht.

Prüfen wir den folgenden Satz Kautskys:

»Aber freilich buchstäblich genommen bedeutet es auch die Alleinherrschaft eines einzelnen, der an keinerlei Gesetze gebunden ist.«

Gleich einem blinden jungen Hund, der mit der Nase zufällig bald hierhin, bald dorthin tastet, ist Kautsky hier unversehens *auf einen* richtigen Gedanken gestoßen (nämlich, dass die *Diktatur* eine Macht ist, die an keinerlei Gesetze gebunden ist), hat *aber dennoch keine* Definition des Begriffes der Diktatur *gegeben* und außerdem eine offenkundige historische Unwahrheit gesagt, als ob Diktatur die Herrschaft eines einzelnen bezeichnete. Das ist auch grammatisch unrichtig, denn diktatorisch herrschen kann auch eine Handvoll Personen, auch eine Oligarchie, auch eine Klasse usw.

Weiter verweist Kautsky auf den Unterschied der Diktatur vom Despotismus, aber obwohl seine Behauptung offensichtlich falsch ist, werden wir nicht auf sie eingehen, denn das hat mit der uns interessierenden Frage gar nichts zu tun. Kautskys Neigung, sich vom 20. Jahrhundert dem 18. Jahrhundert und vom 18. Jahrhundert der Antike zuzuwenden, ist bekannt, und wir hoffen, dass das deutsche Proletariat nach Erringung der Diktatur dieser Neigung Kautskys Rechnung tragen wird und ihn, sagen wir, als Gymnasialprofessor für die Geschichte des Altertums anstellen wird. Sich von einer Definition der Diktatur des Proletariats durch Philosophieren über den Despotismus drücken zu wollen, ist entweder eine kapitale Dummheit oder eine recht ungeschickte Gaunerei.

Das Endergebnis ist, dass Kautsky, der sich anheischig machte, über die Diktatur zu reden, viel wissentlich Falsches zusammen geredet, aber keine Definition gegeben hat! Er hätte, ohne sich auf seine geistigen Fähigkeiten zu verlassen, sein Gedächtnis zu Hilfe nehmen und aus seinen »Kästchen« alle Fälle herausgreifen können, wo Marx über die Diktatur spricht. Dann wäre er bestimmt entweder zu der folgenden oder einer im wesentlichen mit ihr übereinstimmenden Definition gelangt:

Die Diktatur ist eine sich unmittelbar auf Gewalt stützende Macht, die an keinerlei Gesetze gebunden ist.

Die revolutionäre Diktatur des Proletariats ist eine Macht, die durch die Gewalt des Proletariats gegenüber der Bourgeoisie erobert wurde und behauptet wird, eine Macht, die an keinerlei Gesetze gebunden ist.

Und eben diese einfache Wahrheit, die für jeden klassenbewussten Arbeiter so klar wie der lichte Tag ist (für den Vertreter der Masse und nicht der Oberschicht eines von den Kapitalisten gekauften kleinbürgerlichen Gesindels, das die Sozialimperialisten aller Länder darstellen), diese für jeden Vertreter der Ausgebeuteten, der für ihre Befreiung Kämpfenden, offensichtliche, diese für jeden Marxisten unbestreitbare Wahrheit muss dem so gelehrten Herrn Kautsky *»im Kampfe abgerungen«* werden. Wodurch ist das zu erklären? – Durch jenen Geist des Lakaientums, von dem die Führer der II. Internationale durchdrungen sind, die zu verächtlichen Sykophanten im Dienste der Bourgeoisie geworden sind.

Zunächst vollzog Kautsky eine betrügerische Schiebung, indem er den offenbaren Unsinn behauptete, das Wort Diktatur bedeute im buchstäblichen Sinne die Alleinherrschaft eines Diktators, *und* dann erklärt er – auf Grund dieser Schiebung! –, dass also bei Marx die Worte von der Diktatur einer Klasse nicht im buchstäblichen Sinne zu *verstehen* seien (sondern in einem Sinne, bei dem die Diktatur nicht die revolutionäre Gewalt, sondern die »friedliche Eroberung der Mehrheit unter der bürgerlichen« – wohlgemerkt – Demokratie bedeute).

Man muss halt den »Zustand« von der »Regierungsform« unterscheiden. Eine erstaunlich tiefsinnige Unterscheidung, ganz so, als wenn wir den »Zustand« der Dummheit eines Menschen, der unklug herumredet, von der »Form« seiner Dummheiten unterscheiden würden!

Kautsky *muss* die Diktatur als »Zustand der Herrschaft« auslegen (dieser Ausdruck wird von ihm schon auf der folgenden Seite 21 buchstäblich so gebraucht), denn dann *verschwindet die revolutionäre Gewalt, verschwindet die gewaltsame Revolution.* Der *»Zustand der Herrschaft«* ist der Zustand, in dem sich eine beliebige Mehrheit unter der... *»Demokratie«* befindet. Mit Hilfe eines solchen betrügerischen Taschenspielerkunststücks *verschwindet* glücklich die *Revolution.*

Aber der Schwindel ist zu plump, und er rettet Kautsky nicht. Dass die Diktatur den »Zustand« einer für die Renegaten unangenehmen *revolutionären Gewalt* einer Klasse über die andere voraussetzt und bedeutet, lässt sich beim besten Willen nicht verbergen. Die Unsinnigkeit der Unterscheidung zwischen »Zustand« und »Regierungsform« wird offensichtlich. Von einer Regierungsform zu reden, ist hier doppelt dumm, denn *jedes Kind* weiß, dass Monarchie und Republik verschiedene Regierungsformen sind. Herrn Kautsky muss man erst beweisen, dass diese *beiden* Regierungsformen, wie auch alle dazwischenliegenden ineinander übergehenden »Regierungsformen« unter dem Kapitalismus, nur Spielarten des *bürgerlichen Staates,* d. h. der *Diktatur der Bourgeoisie* sind.

Von Regierungsformen zu sprechen, ist schließlich nicht nur eine dumme, sondern auch eine täppische Verfälschung von Marx, der hier klipp und klar von der Form oder dem Typus des *Staates* und nicht von der Form der Regierung spricht.

Die proletarische Revolution ist unmöglich ohne gewaltsame Zerstörung der bürgerlichen Staatsmaschinerie und ohne ihre Ersetzung durch eine *neue*, die nach den Worten von Engels *»schon kein Staat im eigentlichen Sinne mehr«* ist.

Kautsky muss das alles verkleistern und umlügen – das erfordert sein Renegatenstandpunkt.

Man betrachte, zu welch kläglichen Ausflüchten er greift. Erste Ausflucht: *»Dass er«* (Marx) *»hier keine Regierungsform im Auge hatte, wird schon dadurch bezeugt, dass er der Ansicht war, in England und Amerika könne sich der Übergang friedlich, also auf demokratischem Wege vollziehen…«*

Die *Regierungsform* tut hier absolut nichts zur Sache, denn es gibt Monarchien, die für den bürgerlichen Staat nicht typisch sind, die sich beispielsweise durch das Nichtvorhandensein eines stehenden Heeres auszeichnen, und es gibt Republiken, die durchaus typisch sind, z. B. solche mit stehendem Heer und Bürokratie. Das ist eine allbekannte geschichtliche und politische Tatsache, und Kautsky wird es nicht gelingen, sie zu verfälschen.

Wollte Kautsky ernsthaft und ehrlich argumentieren, so würde er sich fragen: gibt es historische Gesetze, die für Revolutionen gelten und keine Ausnahmen kennen? Die Antwort würde läuten: nein, solche Gesetze gibt es nicht. Solche Gesetze haben nur das Typische im Auge, das, was Marx einmal als das »Ideale« im Sinne eines durchschnittlichen, normalen, typischen Kapitalismus bezeichnet hat.

Weiter. Gab es in den siebziger Jahren irgend etwas, was England und Amerika *in dieser Beziehung* zu einer Ausnahme machte? Es ist für jeden, der auch nur einigermaßen mit den Erfordernissen der Wissenschaft in geschichtlichen Fragen vertraut ist, offensichtlich, dass diese Frage gestellt werden muss. Sie nicht stellen, heißt die Wissenschaft verfälschen, heißt mit Sophismen spielen. Stellt man aber diese Frage, so kann an der Antwort nicht gezweifelt werden: die revolutionäre Diktatur des Proletariats ist *Gewalt* gegenüber der Bourgeoisie; die Notwendigkeit dieser Gewalt wird eben, wie Marx und Engels aufs ausführlichste und wiederholt (besonders im »Bürgerkrieg in Frankreich« und im Vorwort dazu) dargelegt haben, *insbesondere* durch das Vorhandensein des *stehenden Heeres* und der *Bürokratie* hervorgerufen. Gerade in den siebziger Jahren des 19. Jahrhunderts, als Marx diese Bemerkung machte, waren gerade diese Institutionen gerade in England und Amerika *nicht vorhanden.* (Heute dagegen *bestehen* sie sowohl in England als auch in Amerika.)

Kautsky muss auf Schritt und Tritt buchstäblich schwindeln, um sein Renegatentum zu verbergen!

Und man beachte, wie er hier unversehens seine Eselsohren gezeigt hat. Er schrieb: *»friedlich«*, d. h. *Auf demokratischem Wege*!!

Bei der Definition des Begriffes Diktatur bemühte sich Kautsky nach Kräften, vor dem Leser das Hauptmerkmal dieses Begriffs zu verbergen, nämlich: die revolutionäre *Gewalt.* Nun aber trat die Wahrheit zutage: es handelt sich um den Gegensatz zwischen *friedlicher* und *gewaltsamer Umwälzung.*

Hier liegt der Hund begraben. Alle Ausflüchte, Sophismen, betrügerische Fälschungen braucht Kautsky gerade, um über die *gewaltsame* Revolution *hinwegzureden*, um seine Verleugnung der Revolution, seinen Übergang auf die Seite der *liberalen* Arbeiterpolitik, d. h. auf die Seite der Bourgeoisie, zu verhüllen. Hier liegt der Hund begraben.

Der »Historiker« Kautsky fälscht die Geschichte so schamlos, dass er das Grundlegende vergisst: der vormonopolistische Kapitalismus – dessen Höhepunkt gerade die siebziger Jahre des 19. Jahrhunderts waren – zeichnete sich infolge seiner grundlegenden *ökonomischen* Eigenschaften, die in England und Amerika besonders typisch zum Ausdruck kamen, durch eine verhältnismäßig sehr große Friedens- und Freiheitsliebe aus. Der Imperialismus dagegen, d. h. der monopolistische Kapitalismus, der erst im 20. Jahrhundert seine volle Reife erlangt hat, zeichnet sich infolge seiner grundlegenden *ökonomischen* Eigenschaften durch eine sehr geringe Friedens- und Freiheitsliebe, und durch eine sehr große Entwicklung des Militarismus aus. Das bei der Beurteilung, inwieweit eine friedliche oder eine gewaltsame Umwälzung typisch oder wahrscheinlich ist, »nicht bemerken«, heißt zu einem ganz alltäglichen Lakaien der Bourgeoisie hinab sinken.

Zweite Ausflucht. Die Pariser Kommune war die Diktatur des Proletariats, wurde aber nach *allgemeinem* Stimmrecht, ohne dass der Bourgeoisie das Wahlrecht entzogen wurde, „*demokratisch*« gewählt. Und Kautsky triumphiert:... »*Die Diktatur des Proletariats war ihm (Marx) ein Zustand, der bei überwiegendem Proletariat aus der reinen Demokratie notwendig hervorgeht.*« (S. 21.)

Dieses Argument Kautskys ist so ergötzlich, dass man wahrlich geradezu ein embarras des richesses empfindet (durch die Fülle der Einwendungen in eine schwierige Lage gerät). Erstens ist bekannt, dass die Blüte, der Stab, die Spitzen der Bourgeoisie aus Paris nach Versailles geflüchtet waren. In Versailles befand sich der »Sozialist« Louis Blanc, was u. a. die Verlogenheit der Kautskyschen Behauptung beweist, dass an der Kommune »alle Richtungen« des Sozialismus beteiligt gewesen seien. Ist es nicht lächerlich, die Trennung der Einwohner von Paris in zwei kämpfende Lager, von denen das eine die ganze kampfbereite, politisch aktive Bourgeoisie vereinigte, als »reine Demokratie« mit »allgemeinem Stimmrecht« hinzustellen?

Zweitens kämpfte die Kommune gegen Versailles als die Arbeiterregierung *Frankreichs* gegen die bürgerliche Regierung. Was sollen hier *»reine Demokratie«* und *»allgemeines Stimmrecht«*, wenn Paris *die* Geschicke Frankreichs entschied?

Als Marx fand, die Kommune habe einen Fehler begangen, als sie nicht von der ganz Frankreich gehörenden Bank Besitz ergriff, ist er da etwa von den Prinzipien und der Praxis der *»reinen Demokratie«* ausgegangen?

Man sieht wahrhaftig, dass Kautsky in einem Lande schreibt, in dem die Polizei den Menschen verbietet, *»gemeinschaftlich«* zu lachen, sonst wäre er durch Gelächter getötet worden.

Drittens. Ich gestatte mir ehrerbietigst, Herrn Kautsky, der die Schriften von Marx und Engels auswendig kennt, an die folgende Einschätzung der Kommune durch Engels vom Standpunkt der … *»reinen Demokratie«* zu erinnern:

> *»Haben sie einmal eine Revolution gesehen, diese Herren«* (Antiautoritären)? *»Eine Revolution ist gewiss die autoritärste Sache, die es gibt, ein Akt, durch den ein Teil der Bevölkerung seinen Willen dem andern Teil durch Flinten, Bajonette und Kanonen, alles das sehr autoritäre Mittel, aufzwingt; und die Partei, die gesiegt hat, muss ihre Herrschaft durch den Schrecken, den ihre Waffen den Reaktionären einflößen, behaupten. Und hätte sich die Pariser Kommune nicht der Autorität eines bewaffneten Volkes gegen die Bourgeoisie bedient, hätte sie sich länger als einen Tag behauptet? Können wir sie nicht umgekehrt tadeln, dass sie sich zu wenig dieser Autorität bedient habe?«*

Da habt ihr die *»reine Demokratie«*! Wie hätte Engels den banalen Spießer und »Sozialdemokraten« (der vierziger Jahre im französischen und der Jahre 1914-1918 im allgemein-europäischen Sinne) lächerlich gemacht, der auf den Gedanken verfallen wäre, in einer in Klassen gespaltenen Gesellschaft schlechthin von *»reiner Demokratie«* zu reden!

Doch genug damit. Es ist ein Ding der Unmöglichkeit, alle einzelnen Ungereimtheiten aufzuzählen, die Kautsky sich leistet, denn jeder seiner Sätze birgt einen bodenlosen Abgrund von Renegatentum.

Marx und Engels haben die Pariser Kommune aufs Ausführlichste analysiert, haben gezeigt, dass der Versuch, die *»fertige Staatsmaschine« zu zerschlagen, zu zerbrechen*, ihr Verdienst war. Marx und Engels hielten diese Schlussfolgerung für so wichtig, dass sie 1872 an dem (teilweise)»veralteten« Programm des »Kommunistischen Manifestes« *nur* diese Korrektur vornahmen. Marx und Engels haben gezeigt, dass die Kommune das Heer und das Beamtentum beseitigte, den *Parlamentarismus* vernichtete, den *»Schmarotzerauswuchs Staat«* zerstörte usw., aber der neunmalweise Kautsky zieht die Schlafmütze über die Ohren und wiederholt, was die liberalen Professoren tausendmal erzählt haben, – die Märchen von der *»reinen Demokratie.«*

Nicht umsonst erklärte Rosa Luxemburg am 4. August 1914, dass die deutsche Sozialdemokratie jetzt ein *stinkender Leichnam* ist.

Die dritte Ausflucht ist die: *»Wenn wir von der Diktatur als Regierungsform sprechen, so können wir nicht von der Diktatur einer Klasse sprechen. Denn eine Klasse kann, wie wir schon bemerkten, nur herrschen, nicht regieren…«* Regieren können nur »Organisationen« oder »Parteien.«

Konfusion, gottverlassene Konfusion, Herr »Konfusionsrat«! Die Diktatur ist keine »Regierungsform«, das ist lächerlicher Unsinn. Auch Marx spricht nicht von einer Regierungsform, sondern von der Form oder dem Typus des *Staates*. Das ist nicht dasselbe, absolut nicht dasselbe. Es ist auch ganz und gar unrichtig, dass eine Klasse nicht regieren könne; solchen Unsinn konnte nur ein *»parlamentarischer Kretin«* reden, der nichts sieht außer dem bürgerlichen Parlament, der nichts bemerkt außer den *»regierenden Parteien.«* Jedes beliebige europäische Land könnte Kautsky Beispiele der Regierung durch seine herrschende *Klasse* zeigen, z. B. durch die Grundherren im Mittelalter ungeachtet ihrer mangelhaften Organisiertheit.

Das Fazit. Kautsky hat den Begriff der Diktatur des Proletariats aufs unerhörteste entstellt und hat Marx in einen Dutzendliberalen verwandelt, d.h. er ist selbst auf dem Niveau eines Liberalen angelangt, der banale Phrasen über *»reine Demokratie«* drischt, den Klasseninhalt der *bürgerlichen* Demokratie beschönigt und vertuscht und am meisten die *revolutionäre* Gewalt der unterdrückten Klasse fürchtet. Als Kautsky den Begriff der *»revolutionären Diktatur des Proletariats«* so *»auslegte«*, dass die revolutionäre Gewalt der unterdrückten Klasse gegenüber den Unterdrückern verschwand, schlug er in der liberalen Entstellung Marxens den Weltrekord. Der Renegat Bernstein erwies sich als ein Waisenknabe im Vergleich zu dem Renegaten Kautsky.

Bürgerliche und proletarische Demokratie

Die von Kautsky heillos verwirrte Frage stellt sich in Wirklichkeit folgendermaßen dar:

Wenn man nicht den gesunden Menschenverstand und die Geschichte zum Gespött machen will, so ist klar, dass man nicht von »reiner Demokratie« sprechen kann, solange verschiedene *Klassen* existieren, dass man da nur von *Klassen*demokratie sprechen kann. (In Klammern bemerkt: »reine Demokratie« ist nicht nur eine von *Unwissenheit zeugende* Phrase, die Verständnislosigkeit sowohl für den Klassenkampf als auch für das Wesen des Staates offenbart, sie ist auch eine dreifach hohle Phrase; denn in der kommunistischen Gesellschaft wird die Demokratie, indem sie sich umgestaltet und zur Gewohnheit wird, *absterben*, nie aber wird es eine »reine« Demokratie geben.)

Die »reine Demokratie« ist die verlogene Phrase eines Liberalen, der die Arbeiter zum Narren hält. Die Geschichte kennt die bürgerliche Demokratie, die den Feudalismus ablöst, und die proletarische Demokratie, die die bürgerliche ablöst.

Wenn Kautsky schier Dutzende von Seiten dem »Beweis« jener Wahrheit widmet, dass die bürgerliche Demokratie im Vergleich mit dem Mittelalter fortschrittlich ist und dass das Proletariat sie in seinem Kampf gegen die Bourgeoisie unbedingt ausnutzen muss, so ist das eben liberales Geschwätz, das die Arbeiter zum Narren hält. Nicht nur in dem gebildeten Deutschland, sondern auch in dem ungebildeten Russland ist das ein Gemeinplatz. Kautsky streut den Arbeitern einfach »gelehrten« Sand in die Augen, wenn er mit wichtiger Miene sowohl von Weitling als auch von den Jesuiten in Paraguay und von vielem anderen erzählt, um das *bürgerliche* Wesen der modernen, d.h. der *kapitalistischen Demokratie zu umgehen.*

Kautsky entnimmt dem Marxismus das, was für die Liberalen, für die Bourgeoisie annehmbar ist (die Kritik des Mittelalters, die fortschrittliche historische Rolle des Kapitalismus im Allgemeinen und der kapitalistischen Demokratie im Besonderen) und streicht, verschweigt und vertuscht vom Marxismus das, was für die Bourgeoisie *unannehmbar* ist (die revolutionäre Gewalt des Proletariats gegenüber der Bourgeoisie, um diese zu vernichten). Darum eben erweist sich Kautsky infolge seiner objektiven Stellung, wie immer auch seine subjektive Überzeugung sein mag, unvermeidlich als Lakai der Bourgeoisie.

Die bürgerliche Demokratie, die im Vergleich zum Mittelalter ein gewaltiger historischer Fortschritt ist, bleibt stets – und muss es unter dem Kapitalismus unbedingt bleiben – eng, beschränkt, unwahr, heuchlerisch, ein Paradies für die Reichen, ein Betrug und eine Falle für die Ausgebeuteten, für die Armen. Eben diese Wahrheit, die einen höchst wesentlichen Bestandteil der marxistischen Lehre bildet, hat der »Marxist« Kautsky nicht begriffen. In dieser Frage, der Grundfrage, präsentiert Kautsky »Annehmlichkeiten« für die Bourgeoisie, statt einer wissenschaftlichen Kritik jener Bedingungen, die jede bürgerliche Demokratie zu einer Demokratie für die Reichen machen.

Erinnern wir zunächst den hochgelehrten Herrn Kautsky an jene theoretischen Erklärungen von Marx und Engels, die unser Schriftgelehrter zu seiner Schande (der Bourgeoisie zuliebe) »vergessen« hat, und dann werden wir die Sache möglichst populär erklären.

Nicht nur der antike und der Feudalstaat, auch *»der moderne Repräsentativstaat [ist] Werkzeug der Ausbeutung der Lohnarbeit durch das Kapital«*[5] (Engels in seinem Werk über den Staat). *»Da nun der ›Staat‹ doch nur eine vorübergehende Einrichtung ist, deren man sich im Kampfe, in der Revolution bedient, um seinen Gegner gewaltsam niederzuhalten, so ist es purer Unsinn, vom ›freien Volksstaat‹ zu sprechen: solange das Proletariat den Staat noch* gebraucht, *gebraucht es ihn nicht im Interesse der Freiheit, sondern der Niederhaltung seiner Gegner, und sobald von der Freiheit die Rede sein kann, hört der Staat als solcher auf zu bestehen«* (Engels in einem Brief an Bebel vom 28. März 1875). *»In Wirklichkeit aber ist der Staat nichts als eine Maschine zur Unterdrückung einer Klasse durch eine andre, und zwar in der demokratischen Republik nicht minder als in der Monarchie«*[6] (Engels in der Einleitung zum »Bürgerkrieg in Frankreich« von Marx). Das allgemeine Wahlrecht ist *»der Gradmesser der Reife der Arbeiterklasse.* Mehr kann und wird es nie sein im heutigen Staat«[7] (Engels in seinem Werk über den Staat). Herr Kautsky zerkaut höchst langweilig den für die Bourgeoisie annehmbaren ersten Teil dieses Satzes. Den zweiten, für die Bourgeoisie unannehmbaren Teil, den wir hervorgehoben haben, verschweigt dagegen der Renegat Kautsky!

---

5 Friedrich Engels: Der Ursprung der Familie, des Privateigentums und des Staats. Manifest 2020, Berlin. S. 143.

6 Karl Marx: Der Bürgerkrieg in Frankreich. Manifest 2018, S. 12.

7 Friedrich Engels: Der Ursprung der Familie, des Privateigentums und des Staats. Manifest 2020, Berlin. S. 144.

> *»Die Kommune sollte nicht eine parlamentarische, sondern eine arbeitende Körperschaft sein, vollziehend und gesetzgebend zu gleicher Zeit… Statt einmal in drei oder sechs Jahren zu entscheiden, welches Mitglied der herrschenden Klasse das Volk im Parlament ver- und zertreten soll, sollte das allgemeine Stimmrecht dem in Kommunen konstituierten Volk dienen, wie das individuelle Stimmrecht jedem andern Arbeitgeber dazu dient, Arbeiter, Aufseher und Buchhalter in seinem Geschäft auszusuchen.«*[8] (Marx in seinem Werk über die Pariser Kommune, »Der Bürgerkrieg in Frankreich.«)

Jeder dieser Sätze, die dem hochgelehrten Herrn Kautsky sehr gut bekannt sind, ist für ihn ein Schlag ins Gesicht, entlarvt sein ganzes Renegatentum. In der ganzen Broschüre Kautskys findet man nicht die Spur von Verständnis für diese Wahrheiten. Der ganze Inhalt seiner Schrift ist ein Hohn auf den Marxismus!

Man nehme die Grundgesetze der modernen Staaten, man nehme die Methode, mit der sie regiert werden, man nehme die Versammlungs- oder Pressfreiheit, man nehme die »Gleichheit der Bürger vor dem Gesetz« – und man wird auf Schritt und Tritt die jedem ehrlichen und klassenbewussten Arbeiter wohlbekannte Heuchelei der bürgerlichen Demokratie erblicken. Es gibt keinen einzigen Staat, und sei es auch der demokratischste, wo es in der Verfassung nicht Hintertürchen oder Klauseln gäbe, die der Bourgeoisie die Möglichkeit sichern, Militär gegen die Arbeiter einzusetzen, den Belagerungszustand zu verhängen u. a. m., »im Falle der Störung der Ordnung«, – in Wirklichkeit in dem Fall, wenn die ausgebeutete Klasse ihre Sklavenlage »stört« und wenn sie versucht, sich nicht mehr sklavisch zu verhalten. Kautsky beschönigt scham-

8 Karl Marx: Der Bürgerkrieg in Frankreich. Manifest 2018, S. 32.

los die bürgerliche Demokratie, indem er verschweigt, was z. B. die demokratischsten und republikanischsten Bourgeois in Amerika oder der Schweiz gegen streikende Arbeiter unternehmen.

Oh, der weise und gelehrte Kautsky schweigt sich darüber aus! Er begreift nicht, dieser Gelehrte und Politiker, dass dieses Verschweigen eine Gemeinheit ist. Er zieht es vor, den Arbeitern Ammenmärchen zu erzählen, wie etwa, dass Demokratie »Schutz der Minoritäten« bedeute. Unglaublich, aber wahr! Im Jahre 1918 nach Christi Geburt, im fünften Jahre des imperialistischen Weltgemetzels und des Abwürgens der internationalistischen Minderheiten (d.h. derjenigen, die den Sozialismus nicht niederträchtig verraten haben wie die Renaudel und Longuet, die Scheidemann und Kautsky, die Henderson und Webb u. a. m.) in allen »Demokratien der Welt« stimmt der gelehrte Herr Kautsky mit süßer, honigsüßer Stimme ein Loblied dem »Schutz der Minoritäten« an. Wer Lust hat, kann das auf Seite 15 der Kautskyschen Broschüre nachlesen. Und auf Seite 16 erzählt euch dieser gelehrte Mann von den Whigs und Tories im 18. Jahrhundert in England!

Oh, diese Gelehrtheit! Oh, dieses raffinierte Lakaientum vor der Bourgeoisie! Oh, diese zivilisierte Manier, vor den Kapitalisten auf dem Bauche zu liegen und ihnen die Stiefel zu lecken! Wäre ich Krupp oder Scheidemann, Clemenceau oder Renaudel, ich würde Herrn Kautsky Millionen zahlen, würde ihn mit Judasküssen belohnen, ihn vor den Arbeitern herausstreichen und die »Einheit des Sozialismus« mit so »ehrenwerten« Leuten wie Kautsky empfehlen. Broschüren gegen die Diktatur des Proletariats schreiben, von den Whigs und Tories im 18. Jahrhundert in England erzählen, versichern, dass Demokratie den »Schutz der Minoritäten« bedeute, und die *Pogrome* gegen die Internationalisten in der »demokratischen« Republik Amerika *verschweigen* – sind das etwa keine Lakaiendienste für die Bourgeoisie?

Der gelehrte Herr Kautsky hat eine »Kleinigkeit« »vergessen« – wahrscheinlich zufällig vergessen –, nämlich: *dass* die herrschende Partei der bürgerlichen Demokratie den Schutz der Minderheit nur der anderen *bürgerlichen* Partei gewährt, während das Proletariat in jeder *ernsten, tiefgehenden, grundlegenden* Frage statt des »Schutzes der Minderheit« Belagerungszustand oder Pogrome auszukosten bekommt. *Je entwickelter die Demokratie, desto näher rücken bei jeder tiefgehenden politischen Auseinandersetzung, die die Bourgeoisie gefährdet, Pogrome oder Bürgerkrieg.* Dieses »Gesetz« der bürgerlichen Demokratie hätte der gelehrte Herr Kautsky an der Dreyfus-Affäre im republikanischen Frankreich, am Lynchen der Neger und Internationalisten in der demokratischen Republik Amerika, am Beispiel Irlands und Ulsters im demokratischen England, an der Hetze gegen die Bolschewiki und der Organisierung von Pogromen gegen sie im April 1917 in der demokratischen Republik Russland beobachten können. Ich nehme absichtlich Beispiele nicht nur aus der Kriegszeit, sondern auch aus der Vorkriegszeit, der Zeit des Friedens. Dem salbungsvollen Herrn Kautsky beliebt es, vor diesen Tatsachen des 20. Jahrhunderts die Augen zu schließen, und dafür den Arbeitern wunderbar neue, höchst interessante, außergewöhnlich lehrreiche, unglaublich wichtige Dinge von den Whigs und Tories aus dem 18. Jahrhundert zu erzählen.

Nehmen wir das bürgerliche Parlament. Ist es denkbar, dass der gelehrte Kautsky nie davon gehört hat, wie Börse und Bankiers sich die bürgerlichen Parlamente *um so eher* unterwerfen, *je stärker* die Demokratie entwickelt ist? Daraus folgt nicht, dass man den bürgerlichen Parlamentarismus nicht ausnutzen soll (und die Bolschewiki haben ihn so erfolgreich ausgenutzt wie kaum eine andere Partei in der Welt, denn in den Jahren 1912 bis 1914 haben wir die ganze Arbeiterkurie der IV. Duma erobert). Daraus folgt aber, dass nur ein Liberaler die *historische Beschränktheit und Bedingtheit* des bürgerlichen Parlamentarismus vergessen kann, wie Kautsky das vergisst. Auf Schritt und Tritt stoßen die unterdrückten Massen auch in dem demokratischsten bürgerlichen Staat auf den schreienden Widerspruch zwischen der *formalen* Gleichheit, die die »Demokratie« der Kapitalisten proklamiert und den Tausenden tatsächlicher Begrenzungen und Komplikationen, die die Proletarier zu *Lohnsklaven* machen. Gerade dieser Widerspruch öffnet den Massen die Augen über die Fäulnis, Verlogenheit und Heuchelei des Kapitalismus. Gerade diesen Widerspruch pflegen die Agitatoren und Propagandisten des Sozialismus ständig vor den Massen zu entlarven, um sie *vorzubereiten* für die Revolution! Als jedoch die Ära der Revolution anbrach, da kehrte Kautsky ihr den Hintern zu und begann ein Loblied auf die Herrlichkeiten der sterbenden bürgerlichen Demokratie anzustimmen.

Die proletarische Demokratie, von der eine Form die Sowjetmacht ist, hat gerade für die gigantische Mehrheit der Bevölkerung, für die Ausgebeuteten und Werktätigen, eine in der Welt noch nie dagewesene Entwicklung und Erweiterung der Demokratie gebracht. Ein ganzes Buch über die Demokratie schreiben, wie das Kautsky getan hat, der auf zwei Seiten von der Diktatur und auf Dutzenden von Seiten von der »reinen Demokratie« redet, - und das *nicht bemerken*, heißt die Sache nach liberaler Art völlig verzerren.

Nehmen wir die Außenpolitik. In keinem einzigen, selbst nicht in dem demokratischsten bürgerlichen Lande, wird sie offen geführt. Überall werden die Massen getäuscht, im demokratischen Frankreich, in der Schweiz, in Amerika, in England hundertmal mehr und raffinierter als in den anderen Ländern. Die Sowjetmacht hat auf revolutionäre Weise den Schleier des Geheimnisses von der Außenpolitik gerissen. Kautsky hat das nicht bemerkt, er schweigt darüber, obwohl das in der Epoche der Raubkriege und der Geheimverträge über die »Aufteilung der Einflusssphären« (d.h. über die Aufteilung der Welt unter die kapitalistischen Räuber) von grundlegender Bedeutung ist, denn davon hängt die Frage des Friedens ab, eine Frage von Tod und Leben für Dutzende Millionen Menschen.

Nehmen wir die Staatsordnung. Kautsky klammert sich an »Kleinigkeiten«, sogar daran, dass die Wahlen (nach der Sowjetverfassung) »indirekt« sind, sieht aber das Wesen der Sache nicht. Den *Klassen*charakter des Staatsapparates, der Staatsmaschine bemerkt er nicht. In der bürgerlichen Demokratie werden die Massen durch Tausende von Kniffen der Kapitalisten, die um so geschickter und sicher wirkender sind, je entwickelter die »reine« Demokratie ist, von der Teilnahme an der Regierung, von der Versammlungs- und Pressfreiheit usw. *abgedrängt*. Die Sowjetmacht ist die *erste* Macht in der Welt (streng genommen die zweite, denn die Pariser Kommune hatte dasselbe zu tun begonnen), die die Massen, gerade die *ausgebeuteten* Massen, zur Regierung *heranzieht*. Die Teilnahme am bürgerlichen Parlament (das nie sehr wichtige Fragen in der bürgerlichen Demokratie *entscheidet*: die werden von der Börse, den Banken entschieden) ist den werktätigen Massen durch tausende Hindernisse *versperrt*, und die Arbeiter wissen und empfinden, sehen und fühlen ausgezeichnet, dass das bürgerliche Parlament eine fremde Einrichtung ist, ein Werkzeug zur *Unterdrückung* der Proletarier durch die Bourgeoisie, eine Einrichtung der feindlichen Klasse, der ausbeutenden Minderheit.

Die Sowjets sind die unmittelbare Organisation der werktätigen und ausgebeuteten Massen selbst, die es ihnen *erleichtert*, den Staat selbst einzurichten und in jeder nur möglichen Weise zu leiten. Gerade die Avantgarde der Werktätigen und Ausgebeuteten, das städtische Proletariat, erhält hierbei den Vorzug, da es durch die Großbetriebe am besten vereinigt ist; ihm ist es am leichtesten, zu wählen und die Wahlen zu kontrollieren. Die Sowjetorganisation *erleichtert* automatisch den Zusammenschluss aller Werktätigen und Ausgebeuteten um ihre Avantgarde, um das Proletariat. Der alte bürgerliche Apparat – das Beamtentum, die Privilegien des Reichtums, der bürgerlichen Bildung, der Beziehungen usw. (diese tatsächlichen Privilegien sind um so mannigfaltiger, je entwickelter die bürgerliche Demokratie ist) – all das fällt bei der Sowjetorganisation fort. Die Freiheit der Presse hört auf, eine Heuchelei zu sein, denn die Druckereien und das Papier werden der Bourgeoisie weggenommen. Das gleiche geschieht mit den besten Gebäuden, Palästen, Villen, Herrensitzen. Die Sowjetmacht hat Tausende und aber Tausende dieser besten Gebäude den Ausbeutern kurzerhand weggenommen und hat dadurch das Versammlungsrecht für die Massen, jenes Versammlungsrecht, ohne das die Demokratie ein Schwindel ist, Millionen Mal »demokratischer« gemacht. Die indirekten Wahlen zu den nichtlokalen Sowjets erleichtern das Zustandekommen der Sowjetkongresse, machen den *gesamten* Apparat billiger, beweglicher und für die Arbeiter und Bauern zugänglicher, und das in einer Zeit, wo das Leben brodelt und es erforderlich ist, besonders schnell die

Möglichkeit zu haben, einen örtlichen Abgeordneten abzuberufen oder ihn zum allgemeinen Sowjetkongress zu entsenden.

Die proletarische Demokratie ist millionenfach demokratischer als jede bürgerliche Demokratie; die Sowjetmacht ist millionenfach demokratischer als die demokratischste bürgerliche Republik.

Das nicht bemerken konnte nur ein bewusster Diener der Bourgeoisie oder ein Mensch, der politisch völlig abgestorben ist, der hinter den staubbedeckten bürgerlichen Büchern das lebendige Leben nicht sieht, der durch und durch von bürgerlich-demokratischen Vorurteilen durchtränkt ist und der sich daher objektiv in einen Lakaien der Bourgeoisie verwandelt.

Das übersehen konnte nur ein Mensch, der unfähig ist, *die Frage* vom Standpunkt der *unterdrückten* Klassen *zu stellen.*

Gibt es unter den demokratischsten bürgerlichen Ländern auch nur ein Land in der Welt, in dem der *durchschnittliche* Arbeiter *aus der Masse*, der durchschnittliche *Landarbeiter* aus der Masse oder überhaupt der Halbproletarier aus dem Dorfe (d.h. der Vertreter der unterdrückten Masse, der überwältigenden Mehrheit der Bevölkerung) auch nur annähernd eine solche *Freiheit* genießt, Versammlungen in den besten Gebäuden abzuhalten, eine solche *Freiheit*, zur Äußerung seiner Ideen, zur Verteidigung seiner Interessen die größten Druckereien und die besten Papiervorräte zu besitzen, eine solche *Freiheit*, gerade Menschen seiner Klasse mit der Leitung und »Einrichtung« des Staates zu betrauen, wie in Sowjetrussland?

Es wäre lächerlich, auch nur anzunehmen, dass Herr Kautsky in einem beliebigen Lande unter tausend unterrichteten Arbeitern und Landarbeitern auch nur *einen* fände, der bei Beantwortung dieser Frage im Zweifel sein würde. Instinktiv sympathisieren die Arbeiter der ganzen Welt, die aus den bürgerlichen Zeitungen Bruchteile der Wahrheit erfahren, mit der Sowjetrepublik gerade deshalb, weil sie in ihr die *proletarische* Demokratie, eine *Demokratie für die Armen* sehen, und nicht eine Demokratie für die Reichen, wie es jede, auch die beste bürgerliche Demokratie in Wirklichkeit ist.

Wir werden regiert (und unser Staat wird »eingerichtet«) von bürgerlichen Beamten, bürgerlichen Parlamentariern, bürgerlichen Richtern. Das ist die einfache, offensichtliche, unbestreitbare Wahrheit, die Millionen und aber Millionen Menschen der unterdrückten Klassen in allen bürgerlichen Ländern, auch in den allerdemokratischsten, aus eigener Lebenserfahrung kennen, die sie täglich zu fühlen und zu spüren bekommen.

In Russland aber wurde der Beamtenapparat vollständig zertrümmert, kein Stein wurde hier auf dem anderen gelassen, alle alten Richter wurden vertrieben, das bürgerliche Parlament auseinandergejagt – und gerade den Arbeitern und Bauern eine *viel zugänglichere* Vertretung gegeben, durch *ihre* Sowjets wurden die Beamten ersetzt oder *ihre* Sowjets wurden über die Beamten gesetzt, *ihre* Sowjets wurden zu Wählern der Richter. Diese Tatsache allein genügt, damit alle unterdrückten Klassen anerkannten, dass die Sowjetmacht, d.h. die gegebene Form der Diktatur des Proletariats, millionenfach demokratischer ist als die demokratischste bürgerliche Republik.

Kautsky versteht diese jedem Arbeiter verständliche und offensichtliche Wahrheit nicht, denn er hat »vergessen«, hat »verlernt« zu fragen; Demokratie *für welche Klasse*? Er urteilt vom Standpunkt der »reinen« (d. h. klassenlosen? oder außerhalb der Klassen stehenden?) Demokratie. Er argumentiert wie Shylock: »Nur ein Pfund Fleisch«, nichts weiter. Gleichheit aller Bürger – sonst gibt es keine Demokratie.

Man muss den Gelehrten Kautsky, den »Marxisten« und »Sozialisten« Kautsky fragen:

Kann es Gleichheit zwischen dem Ausgebeuteten und dem Ausbeuter geben?

Es ist ungeheuerlich, es ist unglaublich, dass man bei Besprechung eines Buches des ideologischen Führers der II. Internationale eine solche Frage stellen muss. Aber: »Wer A sagt, muss auch B sagen.« Man hat es einmal übernommen, über Kautsky zu schreiben, – erkläre man dem gelehrten Mann, weshalb es keine Gleichheit zwischen Ausbeuter und Ausgebeutetem geben kann.

Kann es Gleichheit zw. Ausgebeutetem und Ausbeuter geben?

Kautsky argumentiert folgendermaßen:

(1) »*Die Ausbeuter bildeten stets nur eine kleine Minderheit der Bevölkerung.*« (S. 14 der Kautskyschen Broschüre.)

Das ist eine unbestreitbare Wahrheit. Wie muss man nun, von dieser Wahrheit ausgehend, argumentieren? Man kann als Marxist, als Sozialist argumentieren; dann muss man das Verhältnis zwischen Ausgebeuteten und Ausbeutern zugrunde legen. Man kann als Liberaler, als bürgerlicher Demokrat argumentieren; dann muss man das Verhältnis zwischen Mehrheit und Minderheit zugrunde legen.

Argumentiert man als Marxist, so muss man sagen: die Ausbeuter verwandeln den Staat (und die Rede ist von der Demokratie, d.h. von einer der Staatsformen) unvermeidlich in ein Werkzeug der Herrschaft ihrer Klasse, der Ausbeuter, über die Ausgebeuteten. Darum wird auch der demokratische Staat, solange es Ausbeuter gibt, die über die ausgebeutete Mehrheit herrschen, unvermeidlich eine Demokratie für die Ausbeuter sein. Der Staat der Ausgebeuteten muss sich von einem solchen Staat von Grund aus unterscheiden, muss eine Demokratie für die Ausgebeuteten und *Unterdrückung der Ausbeuter* sein, die Unterdrückung einer Klasse bedeutet aber die Nicht-Gleichberechtigung dieser Klasse, ihre Ausschaltung aus der »Demokratie.«

Argumentiert man als Liberaler, so wird man sagen müssen: die Mehrheit entscheidet, die Minderheit fügt sich. Wer sich nicht fügt, wird bestraft. Das ist alles. Über irgendeinen Klassencharakter des Staates im Allgemeinen und der »reinen Demokratie« im Besonderen zu sprechen, ist überflüssig; das gehört nicht zur Sache, denn Mehrheit ist Mehrheit und Minderheit ist Minderheit: Ein Pfund Fleisch ist ein Pfund Fleisch und damit basta.

Genau so argumentiert Kautsky:

(2) »*Aus welchen Gründen soll nun die Herrschaft des Proletariats eine Form annehmen und annehmen müssen, die unvereinbar ist mit der Demokratie?*« (S. 21.) Es folgt die Erläuterung, dass das Proletariat die Mehrheit auf seiner Seite habe, eine sehr umständliche und wortreiche Erläuterung, sowohl mit einem Zitat aus Marx als auch mit Wahlziffern der Pariser Kommune. Schlussfolgerung: »*Ein Regime, das so sehr in den Massen wurzelt, hat nicht die mindeste Veranlassung, die Demokratie anzutasten. Es wird sich nicht immer von Gewalttätigkeiten frei halten können, in Fällen, wenn Gewalttat geübt wird, um die Demokratie zu unterdrücken. Der Gewalt kann man nur mit Gewalt begegnen. Aber ein Regime, das die Massen hinter sich weiß, wird die Gewalt nur anwenden, um die Demokratie zu* schützen, *und nicht, um sie* aufzuheben. *Es würde geradezu Selbstmord üben, wollte es seine sicherste Grundlage beseitigen, das allgemeine Stimmrecht, eine starke Quelle gewaltiger moralischer Autorität.*« (S. 22.)

Man sieht, das Verhältnis zwischen Ausgebeuteten und Ausbeutern ist aus der Argumentation Kautskys verschwunden. Geblieben ist nur eine Mehrheit überhaupt, eine Minderheit überhaupt, eine Demokratie überhaupt, die uns bereits bekannte »reine Demokratie.«

Wohlgemerkt, das wird *im Zusammenhang mit der Pariser Kommune gesagt*! Zitieren wir doch der Anschaulichkeit halber, was Marx und Engels *im Zusammenhang mit der Kommune* über die Diktatur gesagt haben:

Marx: »... *Wenn die Arbeiter an Stelle der Diktatur der Bourgeoisie ihre revolutionäre Diktatur setzen, ... um den Widerstand der Bourgeoisie zu brechen, geben sie dem Staat eine revolutionäre und vorübergehende Form...*«

Engels: »*Die Partei, die*« (in der Revolution) »*gesiegt hat, muss ihre Herrschaft durch den Schrecken, den ihre Waffen den Reaktionären einflößen, behaupten. Und hätte sich die Pariser Kommune nicht der Autorität eines bewaffneten Volkes gegen die Bourgeoisie bedient, hätte sie sich länger als einen Tag behauptet? Können wir sie nicht umgekehrt tadeln, dass sie sich zu wenig dieser Autorität bedient habe?*«

Derselbe: »... *Da nun der ›Staat‹ doch nur eine vorübergehende Einrichtung ist, deren man sich im Kampfe, in der Revolution bedient, um seinen Gegner gewaltsam niederzuhalten, so ist es purer Unsinn, vom ›freien Volksstaat‹ zu sprechen: solange das Proletariat den Staat noch* gebraucht, *gebraucht es ihn nicht im Interesse der Freiheit, sondern der Niederhaltung seiner Gegner, und sobald von der Freiheit die Rede sein kann, hört der Staat als solcher auf zu bestehen.*«[9]

Zwischen Kautsky und Marx und Engels ist ein Abstand wie zwischen Himmel und Erde, wie zwischen einem Liberalen und einem proletarischen Revolutionär. Die reine Demokratie sowie einfach die »Demokratie«, von der Kautsky spricht, ist lediglich eine Neuauflage desselben

9 Lenin bezieht sich hier auf die Artikel » Der politische Indifferentismus« von Karl Marx und » Von der Autorität« von Friedrich Engels. In: Karl Marx/Friedrich Engels, Werke, Bd.18, Berlin/DDR. S.299-308.

»freien Volksstaates«, d. h. *purer Unsinn*. Kautsky fragt mit der Gelehrtheit eines höchst gelehrten Studierstubendummkopfes oder mit der Einfalt eines zehnjährigen Mädchens: wozu wäre wohl eine Diktatur notwendig, wenn es eine Mehrheit gibt? Marx und Engels erklären es:

- dazu, um den Widerstand der Bourgeoisie zu brechen,
- dazu, um den Reaktionären Furcht einzuflößen,
- dazu, um die Autorität des bewaffneten Volkes gegenüber der Bourgeoisie zu behaupten,
- dazu, dass das Proletariat seine Gegner gewaltsam niederhalten könne.

Kautsky begreift diese Erläuterungen nicht. Da er in die »Reinheit« der Demokratie verliebt ist und ihren bürgerlichen Charakter nicht sieht, besteht er »konsequent« darauf, dass die Mehrheit, da sie einmal Mehrheit ist, den »Widerstand« der Minderheit nicht zu »brechen«, ihn nicht »gewaltsam niederzuhalten« brauche, – es genüge, *die Fälle* von Verletzungen der Demokratie zu unterdrücken. Der in die »Reinheit« der Demokratie verliebte Kautsky begeht *unversehens* denselben kleinen Fehler, den *stets* alle bürgerlichen Demokraten machen: er hält nämlich die formale Gleichheit (die unter dem Kapitalismus durch und durch verlogen und heuchlerisch ist) für eine tatsächliche! Eine Bagatelle!

Der Ausbeuter kann nicht dem Ausgebeuteten gleich sein.

Diese Wahrheit, wie unangenehm sie Kautsky auch sein mag, bildet den Wesensinhalt des Sozialismus.

Eine andere Wahrheit: eine wirkliche, tatsächliche Gleichheit kann es nicht geben, solange nicht jede Möglichkeit der Ausbeutung einer Klasse durch eine andere völlig beseitigt ist.

Die Ausbeuter kann man bei einem gelungenen Aufstand im Zentrum oder bei einer Empörung des Heeres mit einem Male niederschlagen. Aber abgesehen vielleicht von ganz seltenen und besonderen Fällen kann man die Ausbeuter nicht mit einem Male vernichten. Man kann nicht alle Gutsbesitzer und Kapitalisten eines halbwegs größeren Landes auf einmal expropriieren. Ferner, die Expropriation allein, als juristischer oder politischer Akt, entscheidet bei weitem nicht die Sache, denn es ist notwendig, die Gutsbesitzer und Kapitalisten tatsächlich *abzusetzen* und sie tatsächlich durch eine andere, von Arbeitern ausgeübte Verwaltung der Fabriken und Güter zu *ersetzen*. Es kann keine Gleichheit geben zwischen den Ausbeutern, die im Laufe vieler Generationen sowohl durch Bildung als auch durch die Bedingungen eines reichen Lebens sowie durch Routine eine Sonderstellung einnahmen, und den Ausgebeuteten, deren Masse selbst in den fortgeschrittensten und demokratischsten bürgerlichen Republiken geduckt, unwissend, ungebildet, verängstigt, zersplittert ist. Die Ausbeuter behalten noch lange Zeit nach dem Umsturz unvermeidlich eine Reihe gewaltiger tatsächlicher Vorteile: es bleibt ihnen das Geld (die sofortige Abschaffung des Geldes ist unmöglich), es bleiben ihnen gewisse, oft bedeutende Mobilien, die Beziehungen, die Routine der Organisation und Verwaltung, die Kenntnis aller »Geheimnisse« (Gebräuche, Methoden, Mittel, Möglichkeiten) der Verwaltung, es bleibt ihnen die höhere Bildung, die nahe Fühlung mit dem (bürgerlich lebenden und denkenden) höheren technischen Personal, es bleibt ihnen die unvergleichlich größere Routine im Militärwesen (das ist sehr wichtig) und so weiter und so weiter.

Wenn die Ausbeuter nur in einem Lande geschlagen sind – und das ist natürlich der typische Fall, denn eine gleichzeitige Revolution in einer Reihe von Ländern ist eine seltene Ausnahme – so bleiben sie *doch stärker* als die Ausgebeuteten, denn die internationalen Verbindungen der Ausbeuter sind außerordentlich groß. Dass ein Teil der ausgebeuteten oder am wenigsten entwickelten Massen der mittleren Bauernschaft, der Handwerker u. a. m. den Ausbeutern Gefolgschaft leistet und fähig ist, ihnen Gefolgschaft zu leisten – das haben bisher *alle* Revolutionen, einschließlich der Kommune, gezeigt (denn unter den Versailler Truppen gab es auch Proletarier, was der sehr gelehrte Kautsky »vergessen« hat).

Bei einer solchen Sachlage anzunehmen, dass bei einer auch nur einigermaßen tiefgehenden und ernsten Revolution die Dinge ganz einfach durch das Verhältnis von Mehrheit und Minderheit entschieden werden, ist der größte Stumpfsinn, ist das höchst einfältige Vorurteil eines Dutzendliberalen, ist ein *Betrug an den Massen*, eine Verheimlichung der offenkundigen geschichtlichen Wahrheit vor ihnen. Diese geschichtliche Wahrheit besteht darin, dass in jeder tiefgehenden Revolution ein *langer, hartnäckiger, verzweifelter* Widerstand der Ausbeuter, die im Laufe einer Reihe von Jahren große, tatsächliche Vorteile gegenüber den Ausgebeuteten bewahren, die *Regel* ist. Niemals – es sei denn in der biederen Phantasie des biederen Narren Kautsky – werden sich die Ausbeuter den Beschlüssen der Mehrheit der Ausgebeuteten unterwerfen, ohne im letzten, verzweifelten Kampf, in einer Reihe von Kämpfen ihre Vorteile erprobt zu haben.

Der Übergang vom Kapitalismus zum Kommunismus umfasst eine ganze geschichtliche Epoche. Solange sie nicht abgeschlossen ist, behalten die Ausbeuter unvermeidlich die Hoffnung auf eine Restauration, und diese *Hoffnung* verwandelt sich in *Versuche* der Restauration.

Und nach der ersten ernsten Niederlage werfen sich die gestürzten Ausbeuter, die ihren Sturz nicht erwartet, an ihn nicht geglaubt, keinen Gedanken an ihn zugelassen haben, mit verzehnfachter Energie, mit rasender Leidenschaft, mit hundertfachem Hass in den Kampf für die Wiedererlangung des ihnen weggenommenen »Paradieses«, für ihre Familien, die ein so schönes Leben geführt haben und die jetzt von dem »gemeinen Pack« zu Ruin und Elend (oder zu »einfacher« Arbeit…) verurteilt werden. Und hinter den kapitalistischen Ausbeutern trottet die breite Masse des Kleinbürgertums einher, von dem Jahrzehnte geschichtlicher Erfahrungen in allen Ländern bezeugen, dass es schwankt und wankt, dass es heute dem Proletariat folgt, morgen vor den Schwierigkeiten der Umwälzung zurückschreckt, bei der ersten Niederlage oder halben Niederlage der Arbeiter in Panik gerät, die Nerven verliert, sich hin und her wirft, flennt, aus einem Lager in das andere überläuft… wie unsere Menschewiki und Sozialrevolutionäre.

Und bei einer solchen Sachlage, in der Epoche des verzweifelten, verschärften Kampfes, da die Geschichte Fragen des Seins oder Nichtseins jahrhunderte- und jahrtausendealter Privilegien auf die Tagesordnung setzt, von Mehrheit und Minderheit, von reiner Demokratie, von der Entbehrlichkeit der Diktatur, von Gleichheit des Ausbeuters mit dem Ausgebeuteten zu reden – welch bodenlose Borniertheit, welcher Abgrund von Philistertum gehört dazu!

Doch die Jahrzehnte eines relativ »friedlichen« Kapitalismus, 1871-1914, schufen in den sich dem Opportunismus anpassenden sozialistischen Parteien Augiasställe des Philistertums, der Engstirnigkeit, des Renegatentums…

***

Der Leser wird wahrscheinlich bemerkt haben, dass Kautsky in dem oben angeführten Zitat aus seinem Buch von einem Anschlag auf das allgemeine Wahlrecht spricht (das er – in Klammern bemerkt – als starke Quelle gewaltiger moralischer Autorität bezeichnet, während Engels anlässlich derselben Pariser Kommune und anlässlich derselben Frage über die Diktatur von der Autorität des bewaffneten Volkes gegenüber der Bourgeoisie spricht; charakteristisch ist ein Vergleich der Ansicht des Philisters und der des Revolutionärs über »Autorität«…).

Man muss beachten, dass die Frage der Entziehung des Wahlrechts für die Ausbeuter eine *rein russische* Frage und nicht eine Frage der Diktatur des Proletariats überhaupt ist. Hätte Kautsky ohne zu heucheln seine Broschüre betitelt: »Gegen die Bolschewiki«, so entspräche dieser Titel dem Inhalt der Broschüre, und Kautsky wäre dann berechtigt gewesen, direkt vom Wahlrecht zu sprechen. Aber Kautsky wollte vor allem als »Theoretiker« auftreten. Er betitelte seine Broschüre »Die Diktatur des Proletariats« *schlechthin.* Er spricht über die Sowjets und über Russland speziell lediglich im zweiten Teil der Broschüre, vom fünften Abschnitt an. Im ersten Teil dagegen (dem ich auch das Zitat entnommen habe) ist die Rede von *Demokratie* und *Diktatur* im *Allgemeinen.* Dadurch, dass Kautsky anfing, vom Wahlrecht zu sprechen, verriet er sich selbst als Polemiker gegen die Bolschewiki, *dem die Theorie keinen Pfifferling wert ist.* Denn die Theorie, d. h. die Erörterungen über die allgemeinen (nicht die besonderen nationalen) Klassengrundlagen der Demokratie und der Diktatur, hat nicht über eine Sonderfrage zu sprechen wie etwa über das Wahlrecht, sondern über die allgemeine Frage: kann in der geschichtlichen Periode des Sturzes der Ausbeuter und der Ersetzung ihres Staates durch den Staat der Ausgebeuteten die Demokratie *auch für die Reichen, auch für die Ausbeuter gewahrt bleiben?*

So und nur so darf der Theoretiker die Frage stellen.

Wir kennen das Beispiel der Kommune, wir kennen alle Erörterungen der Begründer des Marxismus aus Anlass der Kommune und im Zusammenhang mit ihr. Auf Grund dieses Materials habe ich z. B. die Frage der Demokratie und der Diktatur in meiner Schrift »Staat und Revolution«, die noch vor der Oktoberrevolution geschrieben wurde, analysiert. Von einer Beschränkung des Wahlrechts *habe ich kein Wort gesagt.* Auch jetzt muss man sagen, dass die Frage der Beschränkung des Wahlrechts eine nationale Sonderfrage und keine allgemeine Frage der Diktatur ist. An die Frage der Beschränkung des Wahlrechts muss man in der Weise herangehen, dass man die *besonderen Bedingungen* der russischen Revolution, den *besonderen Weg* ihrer Entwicklung studiert. In den weiteren Darlegungen wird das auch geschehen. Es wäre jedoch ein Fehler, im Voraus zu garantieren, dass die kommenden proletarischen Revolutionen in Europa alle, oder in ihrer Mehrzahl, unbedingt eine Beschränkung des Wahlrechts für die Bourgeoisie bringen werden. Es kann so kommen. Nach dem Krieg und nach der Erfahrung der russischen Revolution wird es wahrscheinlich so kommen, aber das ist für die Verwirklichung der Diktatur *nicht obligatorisch*, ist kein *notwendiges* Merkmal des logischen Begriffs der Diktatur, gehört nicht als *unerlässliche* Bedingung zum historischen und zum Klassenbegriff der Diktatur.

Das notwendige Merkmal, die unerlässliche Bedingung der Diktatur ist die *gewaltsame* Niederhaltung der Ausbeuter als *Klasse* und folglich eine *Verletzung* der »reinen Demokratie«, d. h. der Gleichheit und Freiheit, *gegenüber* dieser *Klasse.*

So und nur so kann die Frage theoretisch gestellt werden. Und dadurch, dass Kautsky die Frage nicht so stellte, hat er bewiesen, dass er gegen die Bolschewiki nicht als Theoretiker, sondern als Sykophant der Opportunisten und der Bourgeoisie auftritt.

In welchen Ländern, bei welchen nationalen Besonderheiten dieses oder jenes Kapitalismus die eine oder die andere Beschränkung, diese oder jene Verletzung der Demokratie gegenüber den Ausbeutern (ausschließlich oder vorwiegend) angewandt werden wird, – das ist eine Frage der nationalen Besonderheiten *dieses* oder jenes Kapitalismus, dieser oder jener Revolution. Theoretisch steht die Frage anders, sie steht so: ist die Diktatur des Proletariats *ohne Verletzung der Demokratie* gegenüber der Klasse der *Ausbeuter* möglich?

Kautsky hat gerade diese Frage, die theoretisch *allein* wichtige und wesentliche Frage, umgangen. Kautsky hat alle möglichen Zitate aus Marx und Engels angeführt, *mit Ausnahme jener*, die sich auf die gegebene Frage beziehen und die von mir oben angeführt worden sind.

Kautsky hat sich über alles mögliche ausgelassen, über alles, was für liberale und bürgerliche Demokraten annehmbar ist, was über ihren Ideenkreis nicht hinausgeht – nur nicht über die Hauptsache, nur nicht darüber, dass das Proletariat nicht siegen kann, *ohne den Widerstand* der Bourgeoisie *gebrochen, ohne seine Gegner gewaltsam niedergerungen zu haben*, und dass dort, wo es ein »gewaltsames Niederhalten« gibt, wo es keine »Freiheit« gibt, *es selbstverständlich keine Demokratie* gibt.

Das hat Kautsky nicht begriffen.

* * *

Gehen wir zu den Erfahrungen der russischen Revolution und zu jenen Differenzen zwischen den Sowjets und der Konstituante über, die (jene Differenzen) dazu geführt haben, dass die Konstituante aufgelöst und der Bourgeoisie das Wahlrecht entzogen wurde.

Die Sowjets sollen nicht wagen, sich in Staatsorganisationen zu verwandeln

Die Sowjets sind die russische Form der Diktatur des Proletariats. Hätte ein marxistischer Theoretiker, der eine Arbeit über die Diktatur des Proletariats schreibt, diese Erscheinung wirklich studiert (und nicht die kleinbürgerlichen Lamentationen gegen die Diktatur wiederholt, wie Kautsky es tut, der die Melodien der Menschewiki nachsingt), so würde ein solcher Theoretiker eine allgemeine Definition der Diktatur geben und dann ihre besondere nationale Form, die Sowjets, prüfen, eine Kritik der Sowjets als einer Form der Diktatur des Proletariats geben.

Es ist begreiflich, dass von Kautsky, nach seiner liberalen »Bearbeitung« der Marxschen Lehre von der Diktatur, irgendetwas Ernstes nicht zu erwarten ist. Es ist aber höchst charakteristisch zu betrachten, wie er an die Frage, was die Sowjets sind, herangetreten, und wie er mit dieser Frage fertig geworden ist.

Indem er sich der Entstehung der Sowjets im Jahre 1905 erinnert, schreibt er: *»Die Räte haben eine Form proletari-*

scher Organisation geschaffen, die umfassendste von allen, weil sie alle Lohnarbeiter in sich begriff.« (S. 31.) Im Jahre 1905 waren sie nur örtliche Körperschaften, 1917 wurden sie eine allrussische Organisation.

> »*Heute schon*«, fährt Kautsky fort, »*kann die Sowjetorganisation auf eine große und ruhmvolle Geschichte zurückblicken. Und eine noch gewaltigere steht ihr bevor, und zwar nicht in Russland allein. Überall stellt es sich heraus, dass gegenüber den riesenhaften Kräften, über die das Finanzkapital ökonomisch und politisch verfügt, die bisherigen Methoden ökonomischen und politischen Kampfes des Proletariats versagen. Sie sind nicht aufzugeben, sie bleiben unerlässlich für normale Zeiten, werden aber zeitweise vor Aufgaben gestellt, denen sie nicht genügen können, wo nur eine Zusammenfassung aller politischen und ökonomischen Machtmittel der Arbeiterklasse Erfolg verspricht.*« (S. 31-32.)

Es folgen Erörterungen über den Massenstreik und darüber, dass die »*Gewerkschaftsbürokratie*«, wenn auch ebenso unentbehrlich wie die Gewerkschaften, doch »*nicht taugt für die Leitung jener gewaltigen Klassenkämpfe, die immer mehr die Signatur der Zeit werden…*«

> » … *Die Sowjetorganisation ist also*«, folgert Kautsky, »*eine der wichtigsten Erscheinungen unserer Zeit. Sie verspricht in den großen Entscheidungskämpfen zwischen Kapital und Arbeit, denen wir entgegengehen, von ausschlaggebender Bedeutung zu werden.*
>
> *Dürfen wir aber von den Sowjets noch mehr verlangen? Die Bolschewiki, die mit den linken Sozialrevolutionären in den russischen Arbeiterräten nach der Novemberrevolution von 1917 die Mehrheit erlangten, gingen nach der Sprengung der Konstituante daran, aus dem Sowjet, der bis dahin die* Kampforganisation *einer*

Klasse gewesen war, die Staatsorganisation *zu machen. Sie hoben die Demokratie auf, die das russische Volk in der Märzrevolution erobert hatte. Dementsprechend hörten die Bolschewiki auf, sich* Sozialdemokraten *zu nennen. Sie bezeichnen sich als* Kommunisten.« *(S. 32-33. Hervorhebungen von Kautsky.)*

Wer die russische menschewistische Literatur kennt, sieht sofort, wie sklavisch Kautsky von Martow, Axelrod, Stein und Konsorten abschreibt. Eben »sklavisch«, denn Kautsky verzerrt den menschewistischen Vorurteilen zuliebe die Tatsachen bis ins Lächerliche. Kautsky hat sich z. B. nicht die Mühe genommen, bei seinen Informatoren vom Schlage Steins in Berlin oder Axelrods in Stockholm Erkundigungen einzuziehen, *wann* die Fragen der Umbenennung der Bolschewiki in Kommunisten und der Bedeutung der Sowjets als Staatsorganisationen aufgeworfen worden sind. Hätte Kautsky diese einfache Auskunft eingeholt, so hätte er nicht diese Zeilen geschrieben, die nur Lachen hervorrufen; denn diese beiden Fragen wurden von den Bolschewiki *im April 1917* aufgeworfen, z. B. in meinen »Thesen« vom 4. April 1917, d. h. *lange* vor der Oktoberrevolution 1917 (von dem Auseinanderjagen der Konstituante am 5. Januar 1918 schon gar nicht zu reden).

Die von mir vollständig zitierten Erörterungen Kautskys bilden aber den *Kernpunkt* der ganzen Frage der Sowjets. Der Kern der Frage besteht gerade darin, ob die Sowjets danach streben sollen, Staatsorganisationen zu werden (die Bolschewiki gaben im April 1917 die Losung aus: »Alle Macht den Sowjets«, und auf der Parteikonferenz der Bolschewiki in demselben April 1917 erklärten sie, dass sie sich mit der bürgerlich-parlamentarischen Republik nicht zufrieden geben, sondern eine Arbeiter- und Bauernrepublik vom Typus der Kommune oder vom Sowjettypus fordern) – oder ob die Sowjets nicht danach streben sollen, ob sie nicht die Macht ergreifen, nicht zu Staatsorganisationen werden sollen, sondern »Kampforganisationen« einer »Klasse« zu bleiben haben (wie sich Martow ausdrückte, der mit seinem unschuldigen Wunsch die Tatsache hübsch beschönigt, dass die Sowjets unter der menschewistischen Führung *ein Werkzeug zur Unterordnung der Arbeiter unter die Bourgeoisie waren*).

Kautsky hat sklavisch die Worte Martows wiederholt, hat dabei aus der theoretischen Diskussion der Bolschewiki mit den Menschewiki *Bruchstücke* genommen und sie kritik- und sinnlos auf allgemein-theoretischen, auf allgemein-europäischen Boden übertragen. Daraus entstand ein solcher Brei, dass jeder klassenbewusste russische Arbeiter, wenn er mit den angeführten Äußerungen Kautskys bekannt würde, in ein homerisches Gelächter ausbräche.

Mit dem gleichen Gelächter werden alle europäischen Arbeiter (mit Ausnahme einer Handvoll verbohrter Sozialimperialisten) Kautsky begegnen, wenn wir ihnen erklären, worum es sich hier handelt.

Kautsky hat Martow einen Bärendienst erwiesen dadurch, dass er dessen Fehler außerordentlich anschaulich ad absurdum geführt hat. In der Tat, man sehe sich an, was bei Kautsky herausgekommen ist.

Die Sowjets erfassen alle Lohnarbeiter. Gegen das Finanzkapital sind die bisherigen Methoden des ökonomischen und politischen Kampfes des Proletariats ungenügend. Den Sowjets steht nicht nur in Russland eine gewaltige Rolle bevor. Sie werden in den großen Entscheidungskämpfen zwischen Kapital und Arbeit in Europa die entscheidende Rolle spielen. So spricht Kautsky.

Ausgezeichnet. »Entscheidungskämpfe zwischen Kapital und Arbeit«, entscheiden sie nicht die Frage, welche dieser Klassen die Staatsmacht ergreifen wird?

Keine Spur. Gott bewahre!

In den »entscheidenden« Kämpfen *dürfen* die Verbände, die alle Lohnarbeiter erfassen, *nicht zur Staatsorganisation werden*!

Und was ist der Staat?

Der Staat ist nichts anderes als eine Maschine zur Unterdrückung einer Klasse durch eine andere.

Also, die unterdrückte Klasse, die Avantgarde aller Werktätigen und Ausgebeuteten in der heutigen Gesellschaft, soll »Entscheidungskämpfe zwischen Kapital und Arbeit« anstreben, aber jene Maschine, mit deren Hilfe das Kapital die Arbeit knechtet, *soll sie nicht anrühren*! – Sie *darf* diese Maschinerie *nicht zerbrechen*! – Sie darf ihre umfassende Organisation *nicht zur Unterdrückung der Ausbeuter ausnutzen*!

Herrlich, Herr Kautsky, ausgezeichnet! »Wir« erkennen den Klassenkampf an, – wie ihn alle Liberalen anerkennen, d.h. ohne den Sturz der Bourgeoisie...

Hier eben wird der völlige Bruch Kautskys sowohl mit dem Marxismus als auch mit dem Sozialismus offenbar. Das ist faktisch der Übergang auf die Seite der Bourgeoisie, die bereit ist, alles mögliche zuzulassen, nur nicht die Umwandlung der Organisationen der von ihr unterdrückten Klasse in Staatsorganisationen. Hier ist Kautsky schon gar nicht mehr imstande, seinen Standpunkt zu retten, der alles versöhnen will, der alle tiefen Gegensätze mit Phrasen abtut.

Entweder verzichtet Kautsky auf jeden Übergang der Staatsmacht in die Hände der Arbeiterklasse, oder er ist damit einverstanden, dass die Arbeiterklasse die alte, bürgerliche Staatsmaschine in ihre Hand nehme, lässt aber keineswegs zu, dass die Arbeiterklasse sie zerbreche, zerschlage und durch eine neue, proletarische ersetze. Ob man die Ausführungen Kautskys so oder so »auslegt« und »erläutert« – in beiden Fällen ist der Bruch mit dem Marxismus und der Übergang auf die Seite der Bourgeoisie offensichtlich.

Schon im »Kommunistischen Manifest« schrieb Marx, als er davon sprach, welchen Staat die siegreiche Arbeiterklasse braucht: … »den Staat, d. h. das als herrschende Klasse organisierte Proletariat.« Jetzt tritt ein Mann auf, der den Anspruch erhebt, nach wie vor Marxist zu sein, und erklärt, dass das in seiner Gesamtheit organisierte Proletariat, das den »Entscheidungskampf« gegen das Kapital führt, seine Klassenorganisation *nicht* zur Staatsorganisation machen *darf*. Der *»Aberglaube an den Staat«*, von dem Engels 1891 schrieb, dass er *»in Deutschland … sich in das allgemeine Bewusstsein der Bourgeoisie und selbst vieler Arbeiter übertragen hat«*, das ist es, was Kautsky hier offenbart hat. Kämpft, Arbeiter – damit ist unser Philister »einverstanden« (auch der Bourgeois ist damit »einverstanden«, weil die Arbeiter ja ohnehin kämpfen, und man nur daran denken muss, wie die Spitze ihres Schwertes abzubrechen sei) – kämpft, aber *wagt nicht zu siegen*! Zerstört nicht die Staatsmaschine der Bourgeoisie, setzt nicht an die Stelle der bürgerlichen »Staatsorganisation« die proletarische »Staatsorganisation.«

Wer ernstlich die marxistische Ansicht geteilt hat, dass der Staat nichts anderes ist als eine Maschine zur Unterdrückung *einer* Klasse durch eine andere, wer sich einigermaßen in diese Wahrheit hineingedacht hat, der hätte sich niemals zu einem solchen Unsinn versteigen können, dass die proletarischen Organisationen, die fähig sind, das Finanzkapital zu besiegen, nicht in Staatsorganisationen umgewandelt werden dürfen. Gerade in diesem Punkt entpuppte sich eben der Kleinbürger, für den der Staat »immerhin« irgend etwas außerhalb der Klassen oder über den Klassen Stehendes ist. Warum sollte es – in Wirklichkeit – dem Proletariat, *»einer Klasse«*, erlaubt sein, den entscheidenden Kampf gegen das *Kapital* zu führen, das nicht nur über das Proletariat, sondern über das ganze Volk, das ganze Kleinbürgertum, die ganze Bauernschaft herrscht, – warum sollte es aber dem Proletariat, *»einer Klasse«*, nicht erlaubt sein, seine Organisation in eine staatliche umzuwandeln? Weil der Kleinbürger den Klassenkampf *fürchtet* und ihn nicht bis zum Ende, *bis zur Hauptsache*, durchführt.

Kautsky hat sich heillos verheddert und seine geheimsten Gedanken verraten. Man beachte: er hat selbst anerkannt, dass Europa den Entscheidungskämpfen zwischen Kapital und Arbeit entgegengeht und dass die bisherigen Methoden des ökonomischen und politischen Kampfes des Proletariats ungenügend sind. Diese Methoden bestanden aber gerade in der Ausnutzung der *bürgerlichen* Demokratie. Folglich?…

Kautsky fürchtete, zu Ende zu denken, was daraus folgt.

… Folglich kann nur ein Reaktionär, ein Feind der Arbeiterklasse, ein Diener der Bourgeoisie jetzt die Reize der bürgerlichen Demokratie ausmalen und, sich der überlebten Vergangenheit zuwendend, von reiner Demokratie schwatzen. Die bürgerliche Demokratie *war* fortschrittlich im Verhältnis zum Mittelalter, und man musste sie ausnutzen. Heute aber ist sie für die Arbeiterklasse *ungenügend*. Heute muss man den Blick nicht rückwärts, sondern vorwärts richten, auf die Ersetzung der bürgerlichen Demokratie durch die *proletarische*. Und wenn die Vorarbeit für die proletarische Revolution, die Ausbildung und Formierung der proletarischen Armee *im Rahmen* des bürgerlich-demokratischen Staates möglich (und notwendig) war, so bedeutet es, ein Verräter an der Sache des Proletariats, ein Renegat zu sein, wenn man das Proletariat auf diesen Rahmen beschränken will, nachdem die Dinge bis zu den »Entscheidungskämpfen« gediehen sind.

Kautsky geriet in eine besonders lächerliche Klemme, denn er wiederholte ein Argument Martows, *ohne zu bemerken*, dass sich dieses Argument bei Martow *auf ein anderes* stützt, das bei Kautsky fehlt! Martow sagt (und Kautsky wiederholt es nach ihm), dass Russland für den Sozialismus noch nicht reif sei, woraus sich natürlich ergibt: es ist noch zu früh, die Sowjets aus Kampforganen in Staatsorganisationen umzuwandeln (lies: es ist zeitgemäß, die Sowjets mit Hilfe der menschewistischen Führer in Organe zur *Unterwerfung* der Arbeiter unter die imperialistische Bourgeoisie umzuwandeln). Kautsky *kann* jedoch *nicht* direkt sagen, dass Europa für den Sozialismus noch nicht reif sei. Kautsky schrieb 1909, als er noch kein Renegat war, dass man jetzt eine *vorzeitige* Revolution nicht zu fürchten brauche, und dass derjenige, der aus Furcht vor einer Niederlage auf die Revolution verzichten würde, ein Verräter wäre. Sich *direkt* davon loszusagen, entschließt sich Kautsky nicht. Und heraus kommt ein solcher Unsinn, der die ganze Dummheit und Feigheit des Kleinbürgers restlos entlarvt: einerseits ist Europa für den Sozialismus reif und geht den Entscheidungskämpfen zwischen Kapital und Arbeit entgegen, anderseits *darf die Kampforganisation* (d.h. die Organisation, die im Kampfe entsteht, wächst, erstarkt), die Organisation des Proletariats, der Avantgarde und des Organisators, des Führers der Unterdrückten, *nicht* in eine Staatsorganisation umgewandelt werden!

In praktisch-politischer Hinsicht ist die Idee, dass die Sowjets als Kampforganisation notwendig seien, aber nicht in Staatsorganisationen umgewandelt werden dürften, noch unendlich viel unsinniger als in theoretischer Hinsicht. Sogar in friedlichen Zeiten, wenn eine revolutionäre Situation nicht vorhanden ist, ruft der Massenkampf der Arbeiter gegen die Kapitalisten, z. B. Massenstreiks, eine fürchterliche Erbitterung auf beiden Seiten, eine außerordentliche Leidenschaftlichkeit des Kampfes und ständige Hinweise der Bourgeoisie hervor, dass sie »Herr im Hause« bleiben will und bleiben wird usw. Während der Revolution aber, wenn das politische Leben brodelt, kommt eine solche Organisation wie die Sowjets, die *alle* Arbeiter *aller* Industriezweige, ferner alle Soldaten und die ganze werktätige und arme Landbevölkerung erfasst, von selbst, durch den Verlauf des Kampfes, durch die einfache »Logik« des Angriffs und der Gegenwehr unvermeidlich dazu, die Frage in ihrer *ganzen Schärfe* zu stellen. Der Versuch, eine mittlere Position einzunehmen, Proletariat und Bourgeoisie zu »versöhnen«, erweist sich als Stumpfsinn und erleidet einen elenden Zusammenbruch: so geschah es mit den Predigten Martows und der anderen Menschewiki in Russland, so wird es unvermeidlich auch in Deutschland und den anderen Ländern kommen, falls die Sowjets sich einigermaßen breit entfalten, falls es ihnen gelingt, sich zusammenzuschließen und zu festigen. Den Sowjets sagen: kämpft, aber ergreift nicht selber die gesamte Staatsmacht, werdet keine Staatsorganisationen – heißt die Arbeitsgemeinschaft der Klassen und den »sozialen Frieden« zwischen Proletariat und Bourgeoisie zu predigen. Es ist lächerlich, auch nur daran zu denken, dass eine solche Stellung im erbitterten Kampf zu irgend etwas anderem als zu einem schmählichen Zusammenbruch führen könnte.

Das Sitzen zwischen zwei Stühlen ist das ewige Schicksal Kautskys. Er tut so, als sei er in der Theorie mit den Opportunisten in keiner Hinsicht einverstanden, in Wirklichkeit aber ist er in allem Wesentlichen (d.h. in allem, was die Revolution betrifft) *in der Praxis* mit ihnen einverstanden.

Die konstituierende Versammlung und die Sowjetrepublik

Die Frage der Konstituierenden Versammlung und ihres Auseinanderjagens durch die Bolschewiki ist der Kernpunkt der ganzen Broschüre Kautskys. Immer wieder kehrt er zu dieser Frage zurück. Mit Hinweisen darauf, wie die Bolschewiki »die Demokratie vernichtet« haben, (siehe eines der oben angeführten Zitate von Kautsky) ist das ganze Elaborat des ideologischen Führers der II. Internationale überfüllt. Die Frage ist wirklich interessant und wichtig, denn die Revolution wurde hier *praktisch* vor die Frage des Verhältnisses der bürgerlichen zur proletarischen Demokratie gestellt. Sehen wir zu, wie unser »marxistischer Theoretiker« diese Frage untersucht.

Er zitiert die von mir verfassten »Thesen über die Konstituierende Versammlung«, die in der »Prawda« vom 26. Dezember 1917 veröffentlicht worden sind.

Es könnte scheinen, als ob ein besserer Beweis für ein ernsthaftes Herantreten an die Sache – mit Dokumenten in der Hand – seitens Kautskys auch unmöglich zu erwarten sei. Man betrachte jedoch, *wie* Kautsky zitiert. Er sagt nicht, dass es 19 dieser Thesen gegeben hat, er sagt nicht, dass in ihnen sowohl die Frage der Wechselbeziehungen zwischen der gewöhnlichen bürgerlichen Republik einschließlich der Konstituierenden Versammlung und der Sowjetrepublik als auch die Frage der *Geschichte* der Differenzen in Bezug auf unsere Revolution zwischen der Konstituierenden Versammlung und der Diktatur des Proletariats gestellt wurde. Kautsky umgeht das alles und erklärt dem Leser einfach, dass *»zwei von ihnen«* (von diesen Thesen) *»besonders wichtig«* seien: die eine, – dass die Sozialrevolutionäre sich nach den Wahlen zur Konstituierenden Versammlung, aber vor ihrer Einberufung gespalten hätten (Kautsky verschweigt, dass dies die fünfte These ist), und die andere, dass die Sowjetrepublik überhaupt eine höhere demokratische Form als die Konstituierende Versammlung sei (Kautsky verschweigt, dass dies die dritte These ist).

Und nur aus dieser dritten These zitiert Kautsky einen Teil vollständig, und zwar folgenden Passus:

»Die Republik der Sowjets stellt nicht nur eine höhere Form der demokratischen Einrichtungen dar (im Vergleich mit der bürgerlichen Republik und der Konstituante als ihrer Krönung), sie ist auch die einzige Form, die den schmerzlosesten[10] *Übergang zum Sozialismus ermöglicht.«* (S. 31.) (Kautsky lässt das Wort »gewöhnlichen« und die einleitenden Worte der These: »Für den Übergang von der bürgerlichen zur sozialistischen Gesellschaftsordnung, für die Diktatur des Proletariats« fort.)

Nachdem Kautsky diese Worte zitiert hat, ruft er mit großartiger Ironie aus:

---

10 Nebenbei: den Ausdruck »schmerzlosester« Übergang zitiert Kautsky wiederholt und versucht damit offenbar, ironisch zu sein. Da das jedoch ein Versuch mit untauglichen Mitteln ist, so begeht Kautsky einige Seiten später eine Fälschung und zitiert falsch: »schmerzloser« Übergang! Mit solchen Mitteln ist es natürlich nicht schwer, dem Gegner Unsinn zu unterstellen. Die Fälschung hilft auch, das sachliche Argument zu umgehen: der schmerzloseste Übergang zum Sozialismus ist lediglich möglich bei einer die gesamte arme Bevölkerung umfassenden Organisation (Sowjets) und bei Unterstützung dieser Organisation durch das Zentrum der Staatsgewalt (Proletariat).

»Nur schade, dass man zu dieser Erkenntnis erst kam, nachdem man in der Konstituante in der Minderheit geblieben war. Ehedem hatte sie niemand stürmischer verlangt als Lenin.«

So heißt es wörtlich auf S. 31 der Kautskyschen Schrift!

Das ist ja eine Perle! Nur ein Sykophant der Bourgeoisie konnte die Sache so verlogen darstellen, damit der Leser den Eindruck bekomme, als sei alles Reden der Bolschewiki von dem höheren Staatstypus nur ein Einfall, der in die Welt gesetzt worden sei, *nachdem* die Bolschewiki in der Konstituierenden Versammlung in der Minderheit geblieben wären!! Eine so widerliche Lüge konnte nur ein Lump aussprechen, der sich der Bourgeoisie verkauft oder, was genau das gleiche ist, sich P. Axelrod anvertraut hat und seine Informatoren verschweigt.

Es ist nämlich allgemein bekannt, dass ich schon am ersten Tag nach meiner Ankunft in Russland, am 4. April 1917, öffentlich Thesen verlesen habe, in denen ich erklärte, dass ein Staat vom Typus der Kommune der bürgerlichen parlamentarischen Republik überlegen ist. Ich habe das später *wiederholt* in der Presse erklärt, z. B. in einer Broschüre über die politischen Parteien, die ins Englische übersetzt wurde, und im Januar 1918 in Amerika in der New-Yorker Zeitung »Evening-Post« erschienen ist. Nicht genug damit. Die Parteikonferenz der Bolschewiki, Ende April 1917, nahm eine Resolution an, in der es heißt, dass die Arbeiter- und Bauernrepublik über der bürgerlichen parlamentarischen Republik stehe, dass sich unsere Partei mit der letzteren nicht zufrieden geben werde, dass das Parteiprogramm entsprechend geändert werden müsse.

Wie ist danach der Streich Kautskys zu bezeichnen, der den deutschen Lesern versichert, ich hätte stürmisch die Einberufung der Konstituierenden Versammlung gefordert, und lediglich nachdem die Bolschewiki in ihr in der Minderheit geblieben wären, hätte ich begonnen, die Ehre und Würde der Konstituierenden Versammlung zu »schmälern«? Womit kann man diesen Streich entschuldigen?[11] Damit, dass Kautsky die Tatsachen nicht kannte? Warum musste er es dann aber unternehmen, über sie zu schreiben? Oder weshalb könnte er nicht ehrlich erklären: Ich, Kautsky, schreibe auf Grund der Informationen der Menschewiki Stein, P. Axelrod und Konsorten? Kautsky möchte mit dem Anspruch auf Objektivität seine Rolle als Helfershelfer der über ihre Niederlage gekränkten Menschewiki tarnen.

Aber das ist nur erst der Anfang, das dicke Ende kommt noch nach.

Zugegeben, Kautsky hätte von seinen Informatoren die Übersetzung der bolschewistischen Resolutionen und Erklärungen zu der Frage, ob sie sich mit der bürgerlichen parlamentarischen demokratischen Republik zufrieden geben, nicht verlangt oder *nicht* bekommen können (??). Geben wir das sogar zu, wenn es auch unwahrscheinlich ist. Aber eben meine Thesen vom 26. Dezember 1917 *erwähnt* doch Kautsky *direkt* auf S. 30 seines Buches.

Kennt Kautsky eben diese Thesen vollständig oder kennt er von ihnen nur das, was die Stein, Axelrod und Konsorten ihm übersetzt haben? Kautsky zitiert die *dritte* These zu der *grundlegenden* Frage, ob die Bolschewiki sich schon vor den Wahlen zur Konstituierenden Versammlung dessen bewusst waren, dass die Sowjetrepublik eine höhere Staatsform als die bürgerliche Bepublik sei, und ob sie das *dem Volk* gesagt haben. *Kautsky verschweigt jedoch die zweite These*. Die zweite These aber lautet:

11 Nebenbei bemerkt: Ähnliche menschewistische Lügen gibt es sehr viele in der Broschüre Kautskys! Sie ist die Schmähschrift eines erbosten Menschewiken.

> »*Die revolutionäre Sozialdemokratie hat bei der Aufstellung der Forderung nach Einberufung der Konstituierenden Versammlung seit Beginn der Revolution von 1917* wiederholt betont, *dass* die Republik der Sowjets eine höhere Form der Demokratie ist als die gewöhnliche bürgerliche Republik mit der Konstituierenden Versammlung.« (Hervorhebungen von mir.)

Um die Bolschewiki als prinzipienlose Leute, als »revolutionäre Opportunisten« (diesen Ausdruck gebraucht Kautsky irgendwo in seinem Buche, ich weiß nicht mehr, in welchem Zusammenhang) hinzustellen, *verhehlte* Herr Kautsky *den deutschen Lesern*, dass in den Thesen ein direkter Hinweis auf »*wiederholte*« Erklärungen enthalten ist!

Solcher Art sind die kleinlichen, jämmerlichen und verächtlichen Methoden, mit denen Herr Kautsky operiert. Auf diese Weise ist er der *theoretischen* Frage ausgewichen.

Ist es wahr oder nicht, dass die bürgerlich-demokratische parlamentarische Republik *tiefer* steht als die Republik vom Typus der Kommune oder der Sowjets? Das ist der Kern, Kautsky aber ist dem ausgewichen. Alles, was Marx in der Analyse der Pariser Kommune gegeben hat, hat Kautsky »vergessen.« Er hat auch den Brief von Engels an Bebel vom 28. März 1875 »vergessen«, in dem der gleiche Marxsche Gedanke besonders anschaulich und einleuchtend ausgedrückt ist: Die Kommune war »*schon kein Staat im eigentlichen Sinne mehr.*«

Da habt ihr den hervorragendsten Theoretiker der II. Internationale, der in einer speziellen Broschüre über die »Diktatur des Proletariats« bei der speziellen Behandlung Russlands, wo die Frage einer höheren Staatsform, als es die demokratisch-bürgerliche Republik ist, direkt und wiederholt gestellt worden ist, diese Frage totschweigt. Wodurch unterscheidet sich das denn *in der Tat* von einem Übergang auf die Seite der Bourgeoisie?

(Bemerken wir in Klammern, dass Kautsky auch hier im Nachtrab der russischen Menschewiki einher trottet. An Leuten, die »alle Zitate« aus Marx und Engels kennen, haben sie, soviel sie wollen, aber kein Menschewik hat von April bis Oktober 1917 und von Oktober 1917 bis Oktober 1918 *auch nur ein einziges Mal* versucht, die Frage des Staates vom Typus der Kommune zu analysieren. Plechanow ist ebenfalls dieser Frage ausgewichen. *Sie hatten wohl allen Grund zu schweigen.*)

Es ist selbstverständlich, wollte man über das Auseinanderjagen der Konstituierenden Versammlung mit Leuten reden, die sich Sozialisten und Marxisten nennen, die in Wirklichkeit aber in der *Grund*frage, in der Frage des Staates vom Typus der Kommune, zur Bourgeoisie übergehen, so hieße das, Perlen vor die Säue werfen. Es dürfte genügen, im Anhang dieser Schrift meine Thesen über die Konstituierende Versammlung vollständig abzudrucken. Aus ihnen wird der Leser ersehen, dass die Frage am 26. Dezember 1917 sowohl theoretisch als auch historisch und praktisch-politisch gestellt worden ist.

Hat sich Kautsky als Theoretiker vollständig vom Marxismus losgesagt, so hätte er die Frage des Kampfes der Sowjets gegen die Konstituierende Versammlung als Historiker untersuchen können. Wir wissen aus vielen Arbeiten Kautskys, dass er *imstande* war, ein marxistischer Historiker zu sein, dass diese seine Arbeiten, trotz seines späteren Renegatentums, dauerndes Besitztum des Proletariats bleiben werden. In der vorliegenden Frage aber wendet Kautsky auch als Historiker der Wahrheit *den Rücken*, er ignoriert *allgemein bekannte* Tatsachen und verfährt wie ein Sykophant. Er *will* die Bolschewiki als prinzipienlos hinstellen und so erzählt er, wie die Bolschewiki versuchten, den Konflikt mit der Konstituierenden Versammlung *zu mildern*, bevor sie sie auseinanderjagten. Daran ist absolut nichts Schlimmes, wir brauchen nichts abzuschwören; ich bringe den vollständigen Text der Thesen, in denen klipp und klar gesagt wird: Ihr schwankenden Herren Kleinbürger, die ihr euch in der Konstituierenden Versammlung festgesetzt habt, entweder findet ihr euch mit der Diktatur des Proletariats ab, oder wir werden euch *»auf revolutionärem Wege«* besiegen (Thesen 18 und 19).

So ist das wirklich revolutionäre Proletariat gegenüber dem schwankenden Kleinbürgertum stets verfahren, und so wird es auch in Zukunft stets verfahren.

Kautsky steht in der Frage der Konstituierenden Versammlung auf einem formalen Standpunkt. In meinen Thesen wird klar und wiederholt gesagt, dass die Interessen der Revolution höher stehen als die formalen Rechte der Konstituierenden Versammlung (siehe Thesen 16 und 17). Der formal-demokratische Standpunkt ist auch der Standpunkt des *bürgerlichen* Demokraten, der nicht anerkennt, dass das Interesse des Proletariats und des proletarischen Klassenkampfes höher steht. Kautsky, als Historiker, hätte unbedingt anerkennen müssen, dass die bürgerlichen Parlamente Organe dieser oder jener Klasse sind. Jetzt aber musste Kautsky (für das schmutzige Werk des Abfalls von der Revolution) den Marxismus vergessen, und Kautsky *stellt nicht die Frage*, das Organ welcher *Klasse* die Konstituierende Versammlung in Russland war. Kautsky analysiert nicht die konkreten Umstände, er will die Tatsachen nicht sehen, er sagt den deutschen Lesern kein Wort davon, dass in den Thesen nicht nur die Frage der Beschränktheit der bürgerlichen Demokratie theoretisch beleuchtet wird (Thesen Nr. 1 bis 3), nicht nur die konkreten Umstände angegeben werden, die bestimmend dafür waren, dass die Wahllisten der Parteien von Mitte Oktober 1917 mit der Wirklichkeit vom Dezember 1917 nicht übereinstimmten (Thesen Nr. 4 bis 6), sondern dass in den Thesen auch die *Geschichte des Klassenkampfes und des Bürgerkriegs* der Monate Oktober-Dezember 1917 gegeben wird (Thesen Nr. 7 bis 15). Aus dieser konkreten Geschichte zogen wir die Schlussfolgerung (These Nr. 14), dass die Losung „Alle Macht der Konstituante« *in Wirklichkeit* die Losung der Kadetten sowie der Kaledin-Leute und ihrer Helfershelfer geworden war.

Der Historiker Kautsky bemerkt das nicht. Der Historiker Kautsky hat nie davon gehört, dass das allgemeine Wahlrecht mitunter kleinbürgerliche, mitunter reaktionäre und konterrevolutionäre Parlamente ergibt. Der marxistische Historiker Kautsky hat nichts davon gehört, dass die Form der Wahlen, die Form der Demokratie *eine* Sache ist, eine andere Sache jedoch der Klasseninhalt der betreffenden Institution. Diese Frage des Klasseninhalts der Konstituierenden Versammlung ist in meinen Thesen direkt gestellt und gelöst worden. Möglich, dass meine Lösung nicht richtig ist. Nichts wäre uns so erwünscht, wie eine marxistische Kritik unserer Analyse von anderer Seite. Anstatt ganz alberne Phrasen (ihrer gibt es viele bei Kautsky) darüber zu schreiben, als ob irgend jemand der Kritik am Bolschewismus Hindernisse bereite, hätte Kautsky eine solche Kritik in Angriff nehmen sollen. Das ist es ja aber gerade, dass er keine Kritik übt. Er *stellt sogar nicht einmal die Frage der* Klassenanalyse der Sowjets einerseits und der Konstituierenden Versammlung anderseits. Und darum besteht *keine Möglichkeit*, mit Kautsky zu streiten, zu diskutieren, und es bleibt nur übrig, dem Leser zu *zeigen*, warum man Kautsky nicht anders denn als Renegaten bezeichnen muss.

Die Differenzen der Sowjets mit der Konstituierenden Versammlung haben ihre Geschichte, die nicht einmal ein Historiker, der nicht auf dem Standpunkt des Klassenkampfes steht, hätte umgehen können. Kautsky hat auch diese tatsächliche Geschichte nicht *berühren* wollen. Kautsky hat den deutschen Lesern die allbekannte Tatsache verheimlicht (die jetzt nur noch von gehässigen Menschewiki verheimlicht wird), dass auch während der Herrschaft der Menschewiki, d.h. von Ende Februar bis Oktober 1917, zwischen den Sowjets und den »allgemeinen staatlichen« (d.h. bürgerlichen) Institutionen Differenzen bestanden. Kautsky steht im Grunde genommen auf dem Standpunkt der Versöhnung, der Verständigung, der Arbeitsgemeinschaft zwischen Proletariat und Bourgeoisie; Kautsky mag das noch so sehr leugnen, aber dass das sein Standpunkt ist, ist eine Tatsache, die durch die ganze Broschüre Kautskys bestätigt wird. Man hätte die Konstituierende Versammlung nicht auseinanderjagen sollen, das heißt eben: man hätte den Kampf gegen die Bourgeoisie nicht zu Ende führen, sie nicht stürzen sollen, das Proletariat hätte sich mit der Bourgeoisie aussöhnen sollen.

Weshalb verschweigt dann aber Kautsky, dass die Menschewiki sich vom Februar bis Oktober 1917 mit dieser wenig ehrenvollen Sache befasst und nichts erreicht haben? Wenn es möglich war, die Bourgeoisie mit dem Proletariat zu versöhnen, warum ist dann die Versöhnung unter den Menschewiki nicht gelungen, warum hielt sich die Bourgeoisie abseits von den Sowjets, warum wurden die Sowjets (*von den Menschewiki*) als »revolutionäre Demokratie«, die Bourgeoisie aber als »privilegierte Elemente« bezeichnet?

Kautsky hat den deutschen Lesern verheimlicht, dass gerade die Menschewiki in der »Epoche« ihrer Herrschaft (Februar bis Oktober 1917) die Sowjets als revolutionäre

Demokratie bezeichnet und damit deren Überlegenheit gegenüber allen anderen Institutionen anerkannt haben. Nur dank der Verheimlichung dieser Tatsache konnte der Historiker Kautsky die Dinge so hinstellen, als hätte der Gegensatz zwischen den Sowjets und der Bourgeoisie nicht seine Geschichte, als wäre er urplötzlich, unerwartet, ohne Grund, infolge des schlechten Betragens der Bolschewiki zutage getreten. In Wirklichkeit hat aber gerade die *mehr als halbjährige Erfahrung* (für eine Revolution ist das eine sehr lange Frist) mit dem menschewistischen Paktieren, mit den Versuchen, das Proletariat mit der Bourgeoisie auszusöhnen, das Volk von der Nutzlosigkeit dieser Versuche überzeugt und das Proletariat von den Menschewiki abgestoßen.

Die Sowjets sind, wie Kautsky zugibt, eine vorzügliche Kampforganisation des Proletariats, die eine große Zukunft hat. Ist dem aber so, dann stürzt die ganze Position Kautskys zusammen wie ein Kartenhaus oder wie die Phantasien eines Kleinbürgers darüber, wie man ohne scharfen Kampf zwischen Proletariat und Bourgeoisie fertig werden könne. Denn die ganze Revolution ist ein ständiger, und dabei ein verzweifelter Kampf, das Proletariat aber ist die führende Klasse aller Unterdrückten, Brennpunkt und Mittelpunkt aller Bestrebungen aller und jeder Unterdrückten nach ihrer Befreiung. Die Sowjets – das Kampforgan der unterdrückten Massen – widerspiegelten und äußerten naturgemäß die Stimmungen und den Wechsel in den Ansichten dieser Massen ungleich schneller, vollständiger, zuverlässiger als irgendwelche andere Institutionen (das ist übrigens einer der Gründe, warum die Sowjetdemokratie die höchste Form der Demokratie ist).

Es gelang den Sowjets, in der Zeit vom 13. März (28. Februar) bis zum 7. November (25. Oktober) 1917 *zwei* allrussische Kongresse einzuberufen, auf denen die überwältigende Mehrheit der Bevölkerung Russlands, alle Arbeiter und Soldaten, sieben oder acht Zehntel der Bauernschaft vertreten waren, ganz abgesehen von der Menge der Orts-, Kreis-, Stadt-, Gouvernements- und Gebietskongresse. Die Bourgeoisie vermochte während dieser Zeit keine einzige Körperschaft einzuberufen, die eine Mehrheit repräsentiert hätte (abgesehen von der offensichtlich verfälschten »Demokratischen Beratung«, die ein Hohn war und das Proletariat erbitterte). Die Konstituierende Versammlung *widerspiegelte* die gleiche Stimmung der Massen, die gleiche politische Gruppierung wie der I. Allrussische Sowjetkongress (vom Juni). Bis zur Einberufung der Konstituierenden Versammlung (Januar 1918) hatten der II. (Oktober 1917) und der III. Sowjetkongress (Januar 1918) getagt, und beide hatten *klipp und klar bewiesen*, dass die Massen radikalisiert, revolutioniert waren, dass sie sich von den Menschewiki und den Sozialrevolutionären abgewendet hatten und auf die Seite der Bolschewiki übergegangen waren, *das heißt*, dass sie sich von der kleinbürgerlichen Führung, von den Illusionen einer Verständigung mit der Bourgeoisie abgewendet hatten und auf die Seite des proletarischen revolutionären Kampfes für den Sturz der Bourgeoisie übergegangen waren.

Folglich zeigt schon allein die *äußere Geschichte* der Sowjets, wie unvermeidlich es war, die Konstituierende Versammlung auseinanderzujagen, und wie *reaktionär* diese war. Kautsky jedoch besteht fest auf seiner »Losung«: mag die Revolution zugrunde gehen, mag die Bourgeoisie über das Proletariat triumphieren, wenn nur die »reine Demokratie« blüht und gedeiht. Fiat justitia, pereat mundus![12]

12 Gerechtigkeit soll geschehen, wenn auch die Welt dabei zugrunde gehe.

Hier ein paar kurze Daten über die allrussischen Sowjetkongresse in der Geschichte der russischen Revolution:

Allrussische Sowjetkongresse	Zahl der Delegierten	Davon Bolschewiki	% Bolschewiki
I. (3. Juni 1917)	790	103	13
II. (25. Okt. 1917)	675	343	51
III. (10. Jan. 1918)	710	434	61
IV. (14. März 1918)	1232	795	64
V. (4. Juli 1918)	1164	773	66

Ein Blick auf diese Zahlen genügt, um zu begreifen, warum die Verteidigung der Konstituierenden Versammlung oder das Gerede (nach Art der Reden Kautskys), die Bolschewiki hätten nicht die Mehrheit der Bevölkerung hinter sich, bei uns nur auf Gelächter stößt.

Die Sowjetverfassung

Der Bourgeoisie das Wahlrecht entziehen, ist, wie ich schon gezeigt habe, kein unbedingtes und notwendiges Kennzeichen der Diktatur des Proletariats. Auch in Russland haben die Bolschewiki, die lange vor dem Oktober die Losung einer solchen Diktatur aufgestellt hatten, nicht von vornherein davon gesprochen, den Ausbeutern das Wahlrecht zu entziehen. *Dieser* Bestandteil der Diktatur erblickte das Licht der Welt nicht »nach dem Plan« irgendeiner Partei, sondern er *erwuchs* von selbst im Laufe des Kampfes. Der Historiker Kautsky hat das freilich *nicht* bemerkt. Er hat nicht begriffen, dass die Bourgeoisie noch unter der Herrschaft der Menschewiki (der Paktierer mit der Bourgeoisie) in den Sowjets sich selbst von den Sowjets absonderte, sie boykottierte, sich ihnen entgegenstellte, gegen sie intrigierte. Die Sowjets sind ohne jede Verfassung entstanden und haben *über ein Jahr* (vom Frühjahr 1917 bis zum Sommer 1918) ohne jede Verfassung existiert. Die Wut der Bourgeoisie gegen die selbständige und allmächtige (weil allumfassende) Organisation der Unterdrückten, der Kampf, und zwar der skrupelloseste, eigennützigste, schmutzigste Kampf der Bourgeoisie gegen die Sowjets und schließlich die offensichtliche Teilnahme der Bourgeoisie (von den Kadetten bis zu den rechten Sozialrevolutionären, von Miljukow bis zu Kerenski) am Kornilowputsch – eben das hat den formellen Ausschluss der Bourgeoisie aus den Sowjets *vorbereitet.*

Kautsky hat von dem Kornilowputsch gehört, aber er spuckt majestätisch auf die historischen Tatsachen und auf den Verlauf, die *Formen* des Kampfes, die die Formen der Diktatur bestimmen: wirklich, wozu Tatsachen, wenn von der »reinen« Demokratie die Rede ist? Die gegen die Entziehung des Wahlrechts der Bourgeoisie gerichtete »Kritik« Kautskys zeichnet sich darum durch eine so... süßliche Naivität aus, die bei einem Kinde rührend wäre, die aber ekelerregend ist bei einem Menschen, der offiziell noch nicht für schwachsinnig erklärt worden ist.

»...*Wenn sie (die Kapitalisten) bei allgemeinem Wahlrecht als bedeutungslose Minderheit erscheinen, werden sie sich eher in ihr Schicksal ergeben...*« (S. 33.) Nett, nicht wahr? Der weise Kautsky hat oftmals in der Geschichte gesehen und kennt überhaupt aus der Beobachtung des lebendigen Lebens sehr gut solche Gutsbesitzer und Kapitalisten, die dem Willen der Mehrheit der Unterdrückten Rechnung tragen. Der weise Kautsky steht entschieden auf dem Standpunkt der »*Opposition*«, d.h. auf dem Standpunkt des innerparlamentarischen Kampfes. So schreibt er denn auch buchstäblich: »*Opposition*« (S. 34 und an vielen anderen Stellen).

Oh, Sie gelehrter Historiker und Politiker! Es würde Ihnen nicht schaden zu wissen, dass »Opposition« ein Begriff des friedlichen und nur parlamentarischen Kampfes ist, d.h. ein Begriff, der einer nichtrevolutionären Situation entspricht, ein Begriff, der dem *Fehlen der Revolution* entspricht. In der Revolution handelt es sich um einen erbarmungslosen Feind im Bürgerkrieg, – keinerlei reaktionäre Jeremiaden eines Kleinbürgers, der einen solchen Krieg fürchtet, wie Kautsky ihn fürchtet, werden an dieser Tatsache etwas ändern. Betrachtungen über die Fragen des erbarmungslosen Bürgerkrieges anstellen, wenn die Bourgeoisie zu allen Verbrechen bereit ist – das Beispiel der Versailler und ihres Paktes mit Bismarck sagt jedem etwas, der sich nicht wie der Gogolsche Petruschka zur Geschichte verhält –, wenn die Bourgeoisie fremde Staaten zu Hilfe ruft und mit ihnen gegen die Revolution intrigiert, – das ist Komik. Das revolutionäre Proletariat soll, ähnlich dem »Konfusionsrat« Kautsky, eine Schlafmütze über die Ohren ziehen und die Bourgeoisie, die Dutowsche, Krasnowsche und tschechische konterrevolutionäre Aufstände organisiert, die Millionen an Saboteure zahlt, als legale »Opposition« betrachten. Oh, welcher Scharfsinn!

Kautsky interessiert ausschließlich die formal-juristische Seite der Sache, so dass man beim Lesen seiner Betrachtungen über die Sowjetverfassung sich unwillkürlich der Worte Bebels erinnert: *»Juristen, das sind durch und durch reaktionäre Leute.«* *»In Wahrheit«*, schreibt Kautsky, *»kann man aber die Kapitalisten allein gar nicht entrechten. Wer ist ein Kapitalist im juristischen Sinne? Ein Besitzender? Selbst in einem ökonomisch so weit vorgeschrittenen Lande wie Deutschland, dessen Proletariat so zahlreich ist, würde die Errichtung einer Sowjetrepublik große Massen politisch entrechten. Im Jahre 1907 betrug im Deutschen Reiche die Zahl der Berufszugehörigen (Erwerbstätige und ihre Familien) der drei großen Gruppen Landwirtschaft, Industrie und Handel, in der Gruppe der Angestellten und Lohnarbeiter etwas über 35 Millionen, die der Selbständigen 17 Millionen. Eine Partei könnte also sehr wohl die Mehrheit der Lohnarbeiter hinter sich haben und doch die Minderheit der Bevölkerung bilden.«* (S. 33.)

Da haben wir eins der Muster Kautskyscher Betrachtungsweise. Nun, ist das denn etwa nicht das konterrevolutionäre Geflenne eines Bourgeois? Warum zählen Sie denn alle »Selbständigen« zu den Entrechteten, Herr Kautsky, wo Sie sehr wohl wissen, dass die ungeheure Mehrheit der russischen Bauern keine Lohnarbeiter beschäftigt, also ihrer Rechte nicht verlustig geht? Ist das etwa keine Fälschung?

Warum haben Sie, der gelehrte Volkswirtschaftler, nicht die Ihnen gut bekannten und in eben derselben deutschen Statistik von 1907 enthaltenen Angaben über die Lohnarbeit in der Landwirtschaft nach Wirtschaftsgruppen angeführt? Warum gaben Sie den deutschen Arbeitern, den Lesern Ihrer Broschüre, nicht diese Unterlagen, aus denen ersichtlich gewesen wäre, *wie viel Ausbeuter*, oder wie wenig Ausbeuter es nach der deutschen Statistik unter der Gesamtzahl der »Landwirte« gibt?

Weil Ihr Renegatentum Sie zu einem gewöhnlichen Sykophanten der Bourgeoisie gemacht hat.

Der Kapitalist, das ist halt ein unbestimmter juristischer Begriff, und Kautsky wettert auf mehreren Seiten gegen die »Willkür« der Sowjetverfassung. Der englischen Bourgeoisie räumt dieser »ernsthafte Gelehrte« Jahrhunderte ein, um eine neue (für das Mittelalter neue) bürgerliche Verfassung auszuarbeiten und auszugestalten, uns aber, den Arbeitern und Bauern Russlands, gewährt dieser Vertreter der Lakaienwissenschaft keinerlei Frist. Von uns verlangt er in wenigen Monaten eine bis aufs I-Tüpfelchen ausgearbeitete Verfassung…

… »Willkür!« Man denke bloß, welch ein Abgrund des schmutzigsten Lakaientums gegenüber der Bourgeoisie und der stumpfsinnigsten Pedanterie sich in einem *solchen* Vorwurf offenbart. Wenn die durch und durch bürgerlichen und zum größten Teil reaktionären Juristen der kapitalistischen Länder im Laufe von Jahrhunderten oder Jahrzehnten ganz ausführliche Bestimmungen ausarbeiteten, Dutzende und Hunderte von Gesetzbüchern und Kommentaren zu den Gesetzen schrieben, die den Arbeiter *unterdrücken*, den *Armen* an Händen und Füßen fesseln, jedem beliebigen einfachen werktätigen Mann aus dem Volke tausend Schikanen und Hindernisse in den Weg legten, – oh, dann erblicken die bürgerlichen Liberalen und Herr Kautsky da keine »Willkür«! Da herrscht »Ordnung« und »Gesetzlichkeit«! Da ist alles durchdacht und niedergeschrieben, wie der Arme »auszupressen« ist. Da gibt es Tausende von bürgerlichen Advokaten und Beamten (von ihnen schweigt Kautsky überhaupt, wahrscheinlich gerade darum, weil Marx dem *Zerschlagen* der Beamtenmaschinerie gewaltige Bedeutung beilegte...), – Advokaten und Beamte, die die Gesetze so auszulegen verstehen, dass es dem Arbeiter und dem Mittelbauer niemals gelingt, die Drahtverhaue dieser Gesetze zu durchbrechen. Das ist keine »Willkür« der Bourgeoisie, das ist keine Diktatur eigennütziger und schmutziger Ausbeuter, die sich mit dem Blut des Volkes vollgesogen haben – keine Spur! Das ist »reine Demokratie«, die mit jedem Tag immer reiner und reiner wird.

Als aber die werktätigen und ausgebeuteten Klassen, die durch den imperialistischen Krieg von ihren Brüdern jenseits der Grenze abgeschnitten waren, zum ersten Mal in der Geschichte *ihre eigenen* Sowjets bildeten, zum politischen Aufbau *diejenigen Massen* herbeiriefen, die die Bourgeoisie unterdrückt, eingeschüchtert, abgestumpft hatte, und *selbst* anfingen, einen *neuen*, proletarischen Staat aufzubauen, anfingen, im Getümmel eines furchtbaren Kampfes, im Feuer des Bürgerkrieges, die Grundlagen für einen Staat *ohne Ausbeuter zu entwerfen*, – da erhoben alle Schurken der Bourgeoisie, erhob die ganze Bande der Blutsauger samt ihrem Trabanten Kautsky ein Gezeter über »Willkür«! Nun, woher sollten denn diese

Ignoranten, diese Arbeiter und Bauern, dieser »Pöbel« es tatsächlich verstehen, ihre eigenen Gesetze auszulegen? Woher sollten sie denn das Gerechtigkeitsgefühl nehmen, sie, einfache Werktätige, die sich nicht der Ratschläge der gebildeten Advokaten, der bürgerlichen Schriftsteller, der Kautsky und der weisen alten Beamten bedienen?

Aus meiner Rede vom 29. April 1918 zitiert Herr Kautsky die Worte: … *»Die Massen selbst bestimmen die Ordnung und die Termine der Wahlen«*… Und der »reine Demokrat« Kautsky zieht daraus die Schlussfolgerung:

> *»Es scheint also, als könne jede Wahlversammlung das Wahlverfahren nach ihrem Belieben einrichten. Die Willkür und die Möglichkeit, sich unbequemer oppositioneller Elemente innerhalb des Proletariats selbst zu entledigen, würde dadurch aufs höchste gesteigert.«* (S. 37.)

Nun, wodurch unterscheidet sich das von dem Gerede eines von den Kapitalisten gedungenen Tintenkulis, der Geschrei darüber erhebt, dass die Masse bei einem Streik die »arbeitswilligen«, fleißigen Arbeiter unter Druck setzt? Warum ist die bürokratisch-*bürgerliche* Bestimmung des Wahlverfahrens in der »reinen« bürgerlichen Demokratie keine Willkür? Warum soll das Gerechtigkeitsgefühl *bei den Massen, die sich zum Kampf* gegen die sie jahrhundertelang Ausbeutenden *erhoben haben*, bei den Massen, die durch diesen verzweifelten Kampf aufgeklärt und gestählt werden, geringer entwickelt sein als bei dem *Häuflein* in *bürgerlichen* Vorurteilen erzogener Beamten, Intellektuellen, Advokaten?

Kautsky ist ein wahrer Sozialist, man wage nicht, die Aufrichtigkeit dieses ehrbaren Familienvaters, dieses redlichen Bürgers zu verdächtigen. Er ist ein glühender und überzeugter Anhänger des Sieges der Arbeiter, der proletarischen Revolution. Er möchte nur, dass salbadernde verspießerte Intellektuelle und Philister mit der Schlafmütze auf dem Kopf *zuerst*, vor der Bewegung der Massen, vor ihrem erbitterten Kampfe gegen die Ausbeuter und unbedingt *ohne* Bürgerkrieg, ein gemäßigtes und genaues *Reglement für die Entwicklung der Revolution* aufstellen…

Mit tiefer sittlicher Entrüstung erzählt unser gelehrter Juduschka Golowljow den deutschen Arbeitern, dass das Allrussische Zentralexekutivkomitee der Sowjets am 14. Juni 1918 beschlossen habe, die Vertreter der Partei der rechten Sozialrevolutionäre und der Menschewiki aus den Sowjets auszuschließen. »*Diese Maßregel*«, schreibt Juduschka Kautsky, vor edler Entrüstung glühend, »*richtet sich nicht etwa gegen bestimmte Personen, die bestimmte strafbare Handlungen begangen haben … Von einer Immunität der Abgeordneten zum Sowjet ist in der Verfassung der Sowjetrepublik keine Rede. Nicht bestimmte* Personen, *sondern bestimmte* Parteien *werden hier von den Sowjets ausgeschlossen.*« (S. 37.)

Ja, das ist wirklich entsetzlich, das ist eine unerträgliche Abweichung von der reinen Demokratie, nach deren Regeln unser revolutionärer Juduschka Kautsky die Revolution machen wird. Wir russischen Bolschewiki hätten zuerst den Sawinkow und Konsorten, den Liberdan und Potressow (den »Aktivisten«) und Konsorten Immunität zusichern, dann ein Strafgesetzbuch verfassen sollen, das die Teilnahme am tschechoslowakischen konterrevolutionären Krieg oder das Bündnis mit den deutschen Imperialisten in der Ukraine oder in Georgien *gegen* die Arbeiter des eigenen Landes für »strafbar« erklärt, und *erst dann*, auf Grund dieses Strafgesetzbuches, wären wir, gemäß der »reinen Demokratie«, berechtigt gewesen, »bestimmte Personen« aus den Sowjets auszuschließen. Es versteht sich dabei von selbst, dass die Tschechoslowaken, die über die Sawinkow, Potressow und Liberdan oder mit Hilfe deren Agitation Geld von den englischen und französischen Kapitalisten erhalten, und ebenso die Krasnow, die mit Hilfe der ukrainischen und Tifliser Menschewiki Granaten von den Deutschen bekommen, gerade so lange ruhig gesessen hätten, bis von uns ein regelrechtes Strafgesetzbuch ausgefertigt worden wäre, und sich, als allerreinste Demokraten, auf die Rolle der »Opposition« beschränkt hätten...

Eine nicht geringere sittliche Entrüstung ruft es bei Kautsky hervor, dass die Sowjetverfassung das Wahlrecht denen entzieht, die *»Lohnarbeiter zum Zwecke des Gewinnes beschäftigen.« »Ein Heimarbeiter oder Kleinmeister«*, schreibt Kautsky, *»mit einem Gesellen mag ganz proletarisch leben und fühlen, er hat kein Wahlrecht.«* (S. 36.)

Welche Abweichung von der »reinen Demokratie«! Welche Ungerechtigkeit! Bis jetzt haben allerdings alle Marxisten angenommen, und tausende Tatsachen haben es bestätigt, dass die Kleinunternehmer die gewissenlosesten Ausbeuter sind, die die Lohnarbeiter am meisten schikanieren, aber Juduschka Kautsky nimmt natürlich nicht *die Klasse* der Kleinunternehmer (wer hat bloß die schädliche Theorie vom Klassenkampf ausgedacht?), sondern einzelne Personen, solche Ausbeuter, die »ganz proletarisch leben und fühlen.« Die berühmte »Spar-Agnes«, die man längst tot wähnte, ist unter der Feder Kautskys wieder auferstanden. Diese »Spar-Agnes« hat vor einigen Jahrzehnten ein »reiner« Demokrat, der Bourgeois Eugen Richter, erfunden und in der deutschen Literatur in Umlauf gesetzt. Er prophezeite unsagbares Unheil von der Diktatur des Proletariats, von der Konfiskation des Kapitals der Ausbeuter, er fragte mit unschuldiger Miene, wer denn Kapitalist im juristischen Sinne sei. Er führte das Beispiel einer armen, sparsamen Schneiderin (der »Spar-Agnes«) an, der die bösen »Diktatoren des Proletariats« die letzten Groschen wegnehmen. Es gab eine Zeit, da die gesamte deutsche Sozialdemokratie sich über diese »Spar-Agnes« des reinen Demokraten Eugen Richter lustig machte. Aber das ist lange, so lange her, als Bebel noch lebte, der offen und ohne Umschweife die Wahrheit sagte, als er erklärte, in unserer Partei gebe es viele Nationalliberale; das war in jener fernen Zeit, als Kautsky noch kein Renegat war.

Jetzt ist die »Spar-Agnes« in der Person des »ganz proletarisch lebenden und fühlenden Kleinmeisters mit einem Gesellen« wieder auferstanden. Die bösen Bolschewiki tun ihm Unrecht, entziehen ihm das Wahlrecht. Freilich, »jede Wahlversammlung«, wie derselbe Kautsky sagt, kann in der Sowjetrepublik einem, sagen wir, mit dem betreffenden Betrieb verbundenen armen Kleinmeister die Teilnahme an ihr gestatten, wenn er ausnahmsweise kein Ausbeuter ist, wenn er *tatsächlich »ganz proletarisch lebt und fühlt.«* Aber kann man sich etwa auf die Lebenskenntnis, auf das Gerechtigkeitsgefühl einer ungeordneten und (wie schrecklich!) ohne Statut handelnden Betriebsversammlung einfacher Arbeiter verlassen? Ist es etwa nicht klar, dass es besser wäre, *allen* Ausbeutern, *allen*, die Lohnarbeiter beschäftigen, das Stimmrecht zu geben, als Gefahr zu laufen, dass der »Spar-Agnes« und einem *»proletarisch lebenden und fühlenden Kleinmeister«* von den Arbeitern Unrecht geschehe?

* * *

Mögen die verächtlichen Schurken des Renegatentums unter dem Beifall der Bourgeoisie und der Sozialchauvinisten[13] unsere Sowjetverfassung verunglimpfen, weil sie den

13 Soeben habe ich den Leitartikel der »Frankfurter Zeitung« (vom

Ausbeutern das Wahlrecht nimmt. Das ist gut so, denn das wird den Bruch der revolutionären Arbeiter Europas mit den Scheidemann und Kautsky, den Renaudel und Longuet, den Henderson und Ramsay Macdonald, mit den alten Führern und alten Verrätern des Sozialismus beschleunigen und vertiefen.

Die Massen der unterdrückten Klassen, die klassenbewussten und ehrlichen Führer aus den Reihen der revolutionären Proletarier werden *für* uns sein. Es genügt, diese Proletarier und diese Massen mit unserer Sowjetverfassung bekannt zu machen, und sie werden sofort sagen: das dort sind wirklich *unsere Leute*, das dort ist die richtige Arbeiterpartei, die richtige Arbeiterregierung. Denn sie betrügt nicht die Arbeiter mit Geschwätz über Reformen, wie uns *alle eben genannten Führer betrogen haben*, sondern sie kämpft ernsthaft gegen die Ausbeuter, führt ernsthaft die Revolution durch, kämpft *wirklich* für die volle Befreiung der Arbeiter.

Wenn den Ausbeutern nach einjähriger »Praxis« der Sowjets das Stimmrecht durch die Sowjets entzogen worden ist, *so bedeutet das*, dass diese Sowjets wirklich Organisationen der unterdrückten Massen sind und keine Organisationen der Sozial-Imperialisten und Sozialpazifisten, die sich der Bourgeoisie verkauft haben. *Wenn* diese Sowjets den Ausbeutern das Stimmrecht entzogen haben, *so bedeutet das*, dass die Sowjets keine Organe des kleinbürgerlichen Paktierens mit den Kapitalisten, keine Organe des parlamentarischen Geschwätzes (der Kautsky, Longuet

22. Oktober 1918, Nr. 293) gelesen, in dem der Inhalt der Broschüre Kautskys mit Begeisterung wiedergegeben wird. Das Blatt der Börsianer ist zufrieden. Warum auch nicht! Und ein Genosse aus Berlin schreibt mir, dass der »Vorwärts«, die Zeitung der Scheidemänner, in einem besonderen Artikel erklärt habe, er unterschreibe fast jede Zeile Kautskys. Wir gratulieren, gratulieren!

und Macdonald), sondern Organe des wirklich revolutionären Proletariats sind, das einen Kampf auf Tod und Leben gegen die Ausbeuter führt.

»*Kautskys Büchlein ist hier fast unbekannt*«, schreibt mir dieser Tage (heute haben wir den 30. Oktober) ein gut unterrichteter Genosse aus Berlin. Ich würde unseren Botschaftern in Deutschland und der Schweiz raten, sich Tausende nicht leid tun zu lassen für den Ankauf und die *kostenlose Verteilung* dieser Schrift unter die klassenbewussten Arbeiter, um jene »europäische« – lies: imperialistische und reformistische – Sozialdemokratie, die längst zu einem »stinkenden Leichnam« geworden ist, in den Schmutz zu treten.

* * *

Am Ende seines Buches, auf Seite 61 und 63, weint Herr Kautsky bitterlich darüber, dass die »neue Theorie« (so nennt er den Bolschewismus, weil er sich fürchtet, die Analyse der Pariser Kommune durch Marx und Engels zu berühren) »*sogar Anhänger in den alten Demokratien findet, wie der Schweiz.*« Es ist »*unbegreiflich*«, für Kautsky, »*wenn deutsche Sozialdemokraten ... diese Theorie annehmen.*«

Nein, das ist durchaus begreiflich, denn nach den ernsten Lehren des Krieges werden sowohl die Scheidemänner als auch die Kautskys den revolutionären Massen zuwider.

»Wir« waren stets für die Demokratie – schreibt Kautsky – und plötzlich sollten wir uns von ihr lossagen!

»Wir«, die Opportunisten der Sozialdemokratie, waren stets gegen die Diktatur des Proletariats, und Kolb und Konsorten haben das *längst* offen ausgesprochen. Kautsky weiß das und glaubt vergebens, vor seinen Lesern die offensichtliche Tatsache seiner »Rückkehr in den Schoß« von Bernstein und Kolb verheimlichen zu können.

»Wir«, die revolutionären Marxisten, haben uns niemals aus der »reinen« (bürgerlichen) Demokratie einen Fetisch gemacht. Plechanow war bekanntlich 1903 ein revolutionärer Marxist (bis zu seiner traurigen Wendung, die ihn in die Stellung eines russischen Scheidemann brachte). Und Plechanow erklärte damals auf dem Parteitag, der das Programm annahm, dass das Proletariat in der Revolution nötigenfalls den Kapitalisten das Stimmrecht entziehen und *jedes beliebige Parlament auseinanderjagen* werde, wenn es sich als konterrevolutionär erweisen sollte. Dass eben diese Ansicht einzig und allein dem Marxismus entspricht, wird ein jeder wenigstens aus den von mir weiter oben angeführten Erklärungen von Marx und Engels ersehen, das geht handgreiflich aus allen Grundgedanken des Marxismus hervor.

»Wir«, die revolutionären Marxisten, haben dem Volke nie solche Reden gehalten, wie es die Kautskyaner aller Nationalitäten zu tun liebten, die vor der Bourgeoisie liebedienerten, den bürgerlichen Parlamentarismus nachäfften, den *bürgerlichen* Charakter der heutigen Demokratie verschwiegen und nur *ihre* Erweiterung, *ihre* restlose Durchführung forderten.

> »Wir« haben der Bourgeoisie gesagt: *»Ihr Ausbeuter und Heuchler sprecht von Demokratie, während ihr gleichzeitig der Teilnahme der* unterdrückten Massen *an der Politik auf Schritt und Tritt tausend Hindernisse in den Weg legt. Wir nehmen euch beim Wort und fordern im Interesse dieser Massen die Erweiterung* eurer *bürgerlichen Demokratie,* um die Massen zur Revolution vorzubereiten, *um euch Ausbeuter zu stürzen. Und wenn ihr Ausbeuter versuchen solltet, unserer proletarischen Revolution Widerstand zu leisten, so werden wir euch erbarmungslos unterdrücken, werden euch entrechten, mehr noch: wir werden euch kein Brot*

geben, denn in unserer proletarischen Republik werden die Ausbeuter rechtlos sein, Feuer und Wasser wird ihnen entzogen werden, denn wir sind im Ernst und nicht im Scheidemannschen oder Kautskyschen Sinne Sozialisten.«

So haben »wir« gesprochen und so werden »wir« revolutionären Marxisten sprechen, und eben darum werden die unterdrückten Massen für uns und mit uns sein, Scheidemann und Kautsky dagegen werden auf dem Misthaufen der Renegaten enden.

Was ist Internationalismus?

Kautsky hält sich aus tiefster Überzeugung für einen Internationalisten und bezeichnet sich auch als einen solchen. Die Scheidemänner erklärt er für »Regierungssozialisten.« Dadurch, dass Kautsky die Menschewiki in Schutz nimmt (Kautsky sagt nicht geradeheraus, dass er mit ihnen solidarisch ist, vertritt aber vollkommen ihre Auffassungen) offenbarte er sehr anschaulich, von welcher Sorte sein »Internationalismus« ist. Da aber Kautsky kein Einzelgänger, sondern der Vertreter einer Strömung ist, die in dem Milieu der II. Internationale unvermeidlich entstehen musste (Longuet in Frankreich, Turati in Italien, Nobs und Grimm, Graber und Naine in der Schweiz, Ramsay Macdonald in England usw.), so wird es lehrreich sein, auf den »Internationalismus« Kautskys einzugehen.

Kautsky betont, dass auch die Menschewiki in Zimmerwald waren (zweifelsohne eine Legitimation, wenn auch eine… angefaulte Legitimation), und schildert die Ansichten der Menschewiki, mit denen er einverstanden ist, folgendermaßen:

> »…die *Menschewiki wollten den allgemeinen Frieden, und sie wollten, dass alle Kriegführenden die Parole annehmen: Keine Annexionen und Kontributionen. Solange dies nicht erreicht sei, solle die russische Armee Gewehr bei Fuß schlagfertig bleiben. Die Bolschewiki dagegen forderten den sofortigen Frieden um jeden Preis, sie waren bereit, wenn es sein müsse, ihn als Sonderfrieden zu schließen, und sie suchten ihn zu er-*

zwingen, indem sie die ohnehin schon große Desorganisation der Armee nach Kräften förderten.« (S. 27.) Die Bolschewiki hätten, nach der Meinung Kautskys, die Macht nicht an sich reißen und sich mit der Konstituante begnügen sollen.

Also, der Internationalismus Kautskys und der Menschewiki besteht in Folgendem: von der imperialistischen bürgerlichen Regierung Reformen verlangen, aber fortfahren, sie zu unterstützen; den von dieser Regierung geführten Krieg nach wie vor zu unterstützen, bis alle Kriegführenden die Parole angenommen haben: Keine Annexionen und Kontributionen. Eine solche Ansicht haben sowohl Turati als auch die Kautskyaner (Haase und andere) und auch Longuet und Konsorten wiederholt geäußert, indem sie erklärten: wir sind *für* die »Vaterlandsverteidigung.«

Theoretisch ist das die vollkommene Unfähigkeit, sich von den Sozialchauvinisten zu trennen, sowie ein völliges Wirrwarr in der Frage der Vaterlandsverteidigung. Politisch ist das das Vertauschen des Internationalismus mit kleinbürgerlichem Nationalismus, sowie der Übergang ins Lager des Reformismus, das Verleugnen der Revolution.

Die Anerkennung der »Vaterlandsverteidigung« ist vom Standpunkt des Proletariats die Rechtfertigung des gegebenen Krieges, die Anerkennung seiner Rechtmäßigkeit. Und da der Krieg (sowohl unter der Monarchie als auch unter der Republik) ein imperialistischer Krieg bleibt, unabhängig davon, wo im gegebenen Augenblick – in meinem oder im fremden Lande – die feindlichen Truppen stehen, so ist die Anerkennung der Vaterlandsverteidigung *in Wirklichkeit* die Unterstützung der imperialistischen, räuberischen Bourgeoisie, ist völliger Verrat am Sozialismus. In Russland blieb auch unter Kerenski, in der bürgerlich-demokratischen Republik, der Krieg ein imperialistischer Krieg, denn er wurde von der Bourgeoisie als der herrschenden Klasse geführt (der Krieg ist aber die »Fortsetzung der Politik«); und besonders anschaulich kam der imperialistische Charakter des Krieges in den Geheimverträgen über die Aufteilung der Welt und die Ausplünderung fremder Länder zum Ausdruck, die der gewesene Zar mit den Kapitalisten Englands und Frankreichs geschlossen hatte.

Die Menschewiki betrogen schnöde das Volk dadurch, dass sie diesen Krieg einen Verteidigungs- oder revolutionären Krieg nannten, und Kautsky, der die menschewistische Politik gutheißt, billigt damit auch den Betrug am Volke, billigt die Rolle der Kleinbürger, die dem Kapital dadurch dienten, dass sie die Arbeiter prellten und sie vor den Karren der Imperialisten spannten. Kautsky treibt eine typisch spießbürgerliche, philisterhafte Politik, wenn er sich einbildet (und den Massen diesen albernen Gedanken einflößt), das *Aufstellen einer Losung* ändere etwas an der Sache. Die ganze Geschichte der bürgerlichen Demokratie entlarvt diese Illusion: um das Volk zu betrügen, haben die bürgerlichen Demokraten stets die beliebigsten »Losungen« ausgegeben und geben sie immer aus. Es handelt sich darum, ihre Aufrichtigkeit zu *prüfen*, die Worte mit den *Taten* zu vergleichen, sich nicht mit einer idealistischen oder marktschreierischen *Phrase* zufrieden zu geben, sondern zu suchen, der *Klassenrealität* auf den Grund zu kommen. Nicht dann hört der imperialistische Krieg auf, ein imperialistischer Krieg zu sein, wenn Scharlatane, Phrasendrescher oder kleinbürgerliche Philister eine süßliche »Losung« ausgeben, sondern erst dann, wenn die Klasse, die den imperialistischen Krieg führt und mit ihm durch Millionen wirtschaftlicher Fäden (sogar auch Taue) verknüpft ist, tatsächlich *gestürzt* worden ist und wenn die wirklich revolutionäre Klasse, das Proletariat, sie an der

Macht ablöst. *Anders ist dem imperialistischen Krieg – und ebenso einem imperialistischen Raubfrieden – unmöglich zu entrinnen.*

Dadurch, dass Kautsky die Außenpolitik der Menschewiki gutheißt und sie als eine internationalistische, als Zimmerwalder Politik bezeichnet, beweist er erstens die ganze Verkommenheit der opportunistischen Zimmerwalder Mehrheit (nicht umsonst haben wir, die Zimmerwalder *Linke*, uns sofort von einer solchen Mehrheit abgegrenzt!), und zweitens – und das ist die Hauptsache – geht Kautsky von der Position des Proletariats zu der des Kleinbürgertums, von der revolutionären zu einer reformistischen Position über.

Das Proletariat kämpft für den revolutionären Sturz der imperialistischen Bourgeoisie, das Kleinbürgertum für eine reformistische »Vervollkommnung« des Imperialismus, für die Anpassung an ihn bei *Unterordnung* unter ihn. Als Kautsky noch Marxist war, z. B. im Jahre 1909, als er den »Weg zur Macht« verfasste, verfocht er gerade den Gedanken von der Unausbleiblichkeit der *Revolution* im Zusammenhang mit einem Krieg, sprach er von dem Nahen einer *Ära der Revolutionen.* Das Baseler Manifest von 1912 spricht klar und bestimmt von der *proletarischen Revolution* in Verbindung mit eben dem imperialistischen Krieg zwischen der deutschen und der englischen Mächtegruppe, der dann 1914 auch ausgebrochen ist. Und im Jahre 1918, als im Zusammenhang mit dem Krieg die Revolutionen begonnen hatten, da fing Kautsky an, anstatt ihre Unvermeidlichkeit zu erläutern, anstatt über die *revolutionäre* Taktik, über die Methoden und Wege zur Vorbereitung der Revolution nachzusinnen und sie konsequent zu durchdenken, die reformistische Taktik der Menschewiki als Internationalismus zu bezeichnen. Ist das etwa nicht Renegatentum?

Kautsky lobt die Menschewiki, weil sie auf Erhaltung der Kampffähigkeit des Heeres bestanden. Die Bolschewiki tadelt er, weil sie »die ohnehin schon große Desorganisation der Armee« noch verstärkten. Das heißt den Reformismus und die Unterordnung unter die imperialistische Bourgeoisie loben, die Revolution tadeln, sich von ihr lossagen. Denn die Erhaltung der Kampffähigkeit des Heeres bedeutete und war unter Kerenski die Erhaltung einer Armee unter *bürgerlichem* (wenn auch republikanischem) Kommando. Es ist allgemein bekannt – und der Gang der Ereignisse hat es anschaulich bestätigt –, dass diese republikanische Armee infolge des Kornilowschen Kommandobestandes den *Kornilow*-Geist bewahrt hatte. Das bürgerliche Offizierkorps musste vom Kornilow-Geist beseelt sein, musste zum Imperialismus, zur gewaltsamen Niederhaltung des Proletariats hinneigen. Alle Grundlagen des imperialistischen Krieges, alle Grundlagen der *bürgerlichen* Diktatur beim Alten lassen, an Kleinigkeiten herum flicken, Nichtigkeiten ein wenig übertünchen (»Reformen«) – darauf lief *in Wirklichkeit* die Taktik der Menschewiki hinaus.

Und umgekehrt. Ohne »Desorganisation« der Armee ist noch keine große Revolution ausgekommen und kann auch nicht auskommen. Denn die Armee ist das verknöchertste Werkzeug zur Unterstützung des alten Regimes, das festeste Bollwerk der bürgerlichen Disziplin, ein Werkzeug zur Stützung der Kapitalsherrschaft, zur Erhaltung und Züchtung sklavischer Unterwürfigkeit und Unterordnung der Werktätigen unter das Kapital. Die Konterrevolution hat nie bewaffnete Arbeiter neben der Armee geduldet und konnte sie nicht dulden. In Frankreich – schrieb Engels – waren nach jeder Revolution die Arbeiter bewaffnet: *»für die am Staatsruder befindlichen Bourgeois war daher Entwaffnung der Arbeiter erstes Gebot.«* Die bewaffneten

Arbeiter waren Keim einer *neuen* Armee, Organisationszelle der *neuen* Gesellschaftsordnung. Diese Zelle zu zertreten, sie nicht wachsen zu lassen, war das erste Gebot der Bourgeoisie. Das erste Gebot jeder siegreichen Revolution – Marx und Engels haben das viele Male betont – war: die alte Armee zu zerschlagen, sie aufzulösen, sie durch eine neue zu ersetzen. Eine neue zur Herrschaft aufsteigende Gesellschaftsklasse konnte niemals und kann auch jetzt nicht diese Herrschaft erlangen und befestigen, ohne das alte Heer völlig zersetzt zu haben (»Desorganisation« – zetern aus diesem Anlass die reaktionären oder einfach feigen Spießer); ohne eine überaus schwere, qualvolle Zeit ohne jede Armee durchzumachen (diese qualvolle Periode hat auch die Große Französische Revolution durchgemacht); ohne im harten Bürgerkrieg allmählich die neue Armee, die neue Disziplin, die neue Militärorganisation der neuen Klasse herauszuarbeiten. Der Historiker Kautsky hat das früher begriffen. Der Renegat Kautsky hat es vergessen.

Welches Recht hat Kautsky, die Scheidemänner »Regierungssozialisten« zu nennen, wenn er die Taktik der Menschewiki in der russischen Revolution *billigt*? Die Menschewiki, die Kerenski unterstützten und in sein Ministerium eintraten, waren genauso Regierungssozialisten. Kautsky könnte sich dieser Schlussfolgerung keinesfalls entziehen, wenn er nur versuchen wollte, die Frage nach der *herrschenden Klasse* aufzuwerfen, die den imperialistischen Krieg führt. Aber Kautsky vermeidet es, die Frage nach der herrschenden Klasse aufzurollen, eine für den Marxisten obligatorische Frage; denn allein die Aufrollung dieser Frage würde den Renegaten entlarven.

Die Kautskyaner in Deutschland, die Longuetisten in Frankreich, die Turati und Konsorten in Italien argumentieren folgendermaßen: der Sozialismus setzt Gleichheit und Freiheit der Nationen, ihre Selbstbestimmung voraus; *darum* ist es Recht und Pflicht der Sozialisten, die Heimat zu verteidigen, wenn man unser Land überfällt oder wenn feindliche Heere in unser Land eingedrungen sind. Eine solche Argumentation ist aber theoretisch entweder eine vollkommene Verhöhnung des Sozialismus oder ein Gaunertrick, praktisch-politisch jedoch deckt sich diese Argumentation mit der eines ganz unwissenden Bäuerleins, das nicht fähig ist, sich über den sozialen, den Klassencharakter des Krieges und über die Aufgaben einer revolutionären Partei in einem reaktionären Krieg auch nur Gedanken zu machen.

Der Sozialismus ist gegen die Vergewaltigung der Nationen. Das ist unbestreitbar. Aber der Sozialismus ist überhaupt gegen die Gewaltanwendung Menschen gegenüber. Daraus hat jedoch außer den christlichen Anarchisten und Tolstoianern noch niemand gefolgert, dass der Sozialismus gegen die *revolutionäre* Gewalt sei. Von »Gewalt« schlechthin reden, ohne die Bedingungen zu analysieren, die die reaktionäre von der revolutionären Gewalt unterscheiden, heißt also ein Spießbürger sein, der die Revolution verleugnet, oder heißt einfach sich selbst und andere durch Sophistik betrügen.

Das gleiche gilt auch für die Vergewaltigung von Nationen. Jeder Krieg ist Gewaltanwendung gegenüber Nationen, das hindert aber die Sozialisten nicht, *für* einen revolutionären Krieg zu sein. Der Klassencharakter des Krieges – das ist die grundlegende Frage, die vor dem Sozialisten auftaucht (wenn er kein Renegat ist). Der imperialistische Krieg von 1914 bis 1918 ist ein Krieg zwischen zwei Gruppen der imperialistischen Bourgeoisie *um* die Teilung der Welt, um die Teilung der Beute, um die Ausplünderung und Erdrosselung der kleinen und schwachen Nationen.

Eine solche Einschätzung des Krieges gab das Baseler Manifest im Jahre 1912, eine solche Einschätzung bestätigten die Tatsachen. Wer diesen Standpunkt in Bezug auf den Krieg aufgibt, ist kein Sozialist.

Wenn ein Deutscher unter Wilhelm oder ein Franzose unter Clemenceau sagt: ich als Sozialist habe das Recht und die Pflicht, meine Heimat zu verteidigen, falls der Feind in mein Land eingedrungen ist, so ist das nicht die Argumentation eines Sozialisten, eines Internationalisten, eines revolutionären Proletariers, sondern die eines *kleinbürgerlichen Nationalisten.* Denn in dieser Argumentation verschwindet der revolutionäre Klassenkampf des Arbeiters gegen das Kapital, verschwindet die Einschätzung des *gesamten* Krieges als Ganzes vom Standpunkt der Weltbourgeoisie und des Weltproletariats, d. h. es verschwindet der Internationalismus, und übrigbleibt nur ein armseliger, verknöcherter Nationalismus. Meinem Lande geschieht Unrecht, alles andere geht mich nichts an – darauf läuft eine solche Argumentation hinaus, darin liegt ihre spießbürgerlich-nationalistische Beschränktheit. Das ist genau so, als wollte jemand hinsichtlich einer individuellen Gewaltanwendung gegenüber einer einzelnen Person erklären: *»Der Sozialismus ist gegen Gewalt, also will ich lieber Verrat üben als im Gefängnis sitzen.«*

Der Franzose, der Deutsche oder der Italiener, der da sagt: der Sozialismus ist gegen die Vergewaltigung der Nationen, *deshalb* verteidige ich mich, wenn der Feind in mein Land eingedrungen ist, *übt Verrat* am Sozialismus und Internationalismus. Denn ein solcher Mensch *sieht nur* sein »Land«, stellt »seine«… »*Bourgeoisie*« über alles, ohne *an die internationalen Zusammenhänge* zu denken, die den Krieg zu einem imperialistischen, die *seine* Bourgeoisie zu einem Glied in der Kette des imperialistischen Raubzuges machen!

Alle Spießbürger und alle stumpfsinnigen und unwissenden Bäuerlein argumentieren gerade so wie die Renegaten, die Kautskyaner, Longuetisten, die Turati und Konsorten, nämlich: in meinem Lande steht der Feind, alles übrige geht mich gar nichts an.[14]

Ein Sozialist, ein revolutionärer Proletarier, ein Internationalist argumentiert anders: Der Charakter eines Krieges (ob er ein reaktionärer oder ein revolutionärer Krieg ist) hängt nicht davon ab, wer angegriffen hat und in wessen Land der »Feind« steht, sondern *davon, welche Klasse* den Krieg führt, welche Politik durch den gegebenen Krieg fortgesetzt wird. Ist der gegebene Krieg ein reaktionärer, imperialistischer Krieg, d.h. ein Krieg, der von zwei Weltgruppen der imperialistischen, gewalttätigen, räuberischen, reaktionären Bourgeoisie geführt wird, so wird jede Bourgeoisie (sogar die eines kleinen Landes) zur Teilnehmerin am Raube, und es ist meine Aufgabe, die Aufgabe eines Vertreters des revolutionären Proletariats, die *proletarische Weltrevolution* als *einzige* Rettung vor den Schrecken des Weltkrieges vorzubereiten. Nicht vom Standpunkt »meines« Landes darf ich urteilen (denn so würde ein kläglicher Dummkopf, ein nationalistischer Spießer urteilen, der nicht versteht, dass er ein Spielzeug in den Händen der imperialistischen Bourgeoisie ist), sondern

14 Die Sozialchauvinisten (Scheidemann, Renaudel, Henderson, Gompers und Konsorten) lehnen es ab, während des Krieges über die »Internationale« zu reden. Sie halten die Feinde ihrer Bourgeoisie für »Verräter«… am Sozialismus. Sie sind *für* die Eroberungspolitik ihrer Bourgeoisie. Die Sozialpazifisten (d.h. Sozialisten in Worten, kleinbürgerliche Pazifisten in Taten) bringen alle möglichen »internationalistischen« Gefühle zum Ausdruck, treten gegen Annexionen auf usw., fahren aber in Wirklichkeit fort, ihre imperialistische Bourgeoisie zu unterstützen. Der Unterschied zwischen den beiden Typen ist nicht ernst zu nehmen, ist von der Art, wie der Unterschied zwischen einem Kapitalisten, der Gift und Galle speit, und einem, der honigsüße Reden hält.

vom Standpunkt *meiner Teilnahme* an der Vorbereitung, der Propagierung, der Beschleunigung der proletarischen Weltrevolution.

Das ist eben Internationalismus, das ist die Aufgabe eines Internationalisten, eines revolutionären Arbeiters, eines wirklichen Sozialisten. Diese *Binsenwahrheit* hat der Renegat Kautsky »vergessen.« Und sein Renegatentum tritt noch offensichtlicher zutage, wenn er von der Billigung der Taktik der kleinbürgerlichen Nationalisten (der Menschewiki in Russland, der Longuetisten in Frankreich, der Turati in Italien, der Haase und Konsorten in Deutschland) zur Kritik der bolschewistischen Taktik übergeht. Hier diese Kritik:

> *»Die bolschewistische Revolution war aufgebaut auf der Voraussetzung, dass sie den Ausgangspunkt bilde zu einer allgemeinen europäischen Revolution; dass die kühne Initiative Russlands die Proletarier ganz Europas aufrufe, sich zu erheben.*
>
> *Unter diesen Voraussetzungen war es natürlich gleichgültig, welche Form der russische Separatfrieden annahm, welche Verstümmelungen und Lasten er dem russischen Volke auferlegte, welche Auslegung der Selbstbestimmung der Völker er brachte. Dann war es auch gleichgültig, ob Russland wehrfähig war oder nicht. Die europäische Revolution bildete nach dieser Auffassung die beste Wehr der russischen Revolution, sie musste allen Völkern auf bisher russischem Gebiet volle und wahre Selbstbestimmung bringen.*
>
> *Eine Revolution in Europa, die dort den Sozialismus brachte und befestigte, musste aber auch das Mittel werden, die Hindernisse zu beseitigen, die in Russland der Durchführung sozialistischer Produktion durch die ökonomische Rückständigkeit des Landes bereitet wurden.*

Das war alles sehr logisch gedacht und wohl begründet, sobald man die Voraussetzung zugab: dass die russische Revolution unfehlbar die europäische entfesseln müsse. Was aber dann, wenn es nicht dazu kam? …

Die Voraussetzung ist bisher nicht eingetroffen. Und nun werden die Proletarier Europas angeklagt, dass sie die russische Revolution im Stiche gelassen und verraten hätten. Es ist eine Anklage gegen Unbekannte, denn wen will man verantwortlich machen für die Haltung des europäischen Proletariats.« (S. 28.)

Und Kautsky setzt dann des langen und breiten auseinander, dass sich Marx, Engels und Bebel mehr als einmal in Bezug auf den Ausbruch der von ihnen erwarteten Revolution geirrt hätten, dass sie aber niemals ihre Taktik auf die Erwartung einer Revolution *zu einem »bestimmten Termin«* (S. 29) aufgebaut hätten, während die Bolschewiki sozusagen *»alles auf die eine Karte der allgemeinen europäischen Revolution gesetzt hatten.«*

Wir haben mit Absicht dieses so lange Zitat angeführt, um dem Leser anschaulich zu zeigen, wie »geschickt« Kautsky den Marxismus fälscht und ihn durch eine banale und reaktionäre spießbürgerliche Anschauung ersetzt.

Erstens ist es die Methode nicht gerade sehr kluger Leute, dem Gegner eine offensichtliche Dummheit zu unterstellen und sie dann zu widerlegen. Hätten die Bolschewiki ihre Taktik auf die Erwartung aufgebaut, dass die Revolution in den anderen Ländern *zu einem bestimmten Termin* eintreten würde, so wäre das eine unbestreitbare Dummheit gewesen. Die bolschewistische Partei hat aber diese Dummheit nicht begangen: in meinem Brief an die amerikanischen Arbeiter (20. August 1918) grenze ich mich von dieser Dummheit ausdrücklich ab und erkläre, dass wir zwar auf die amerikanische Revolution rechnen, aber nicht zu einem bestimmten Termin. In meiner Polemik gegen die linken Sozialrevolutionäre und »linken Kommunisten« (Januar-März 1918) habe ich wiederholt den gleichen Gedanken entwickelt. Kautsky beging eine kleine … ganz kleine Unterstellung, auf die er dann seine Kritik des Bolschewismus aufgebaut hat. Kautsky hat die Taktik, die mit der europäischen Revolution in einem mehr oder minder nahen Zeitraum, aber nicht zu einem bestimmten Termin rechnet, mit der Taktik in einen Topf geworfen, die den Ausbruch der europäischen Revolution zu einem bestimmten Termin erwartet. Eine kleine, ganz kleine Fälschung!

Die zweite Taktik ist eine Dummheit. Die erste ist *obligatorisch* für einen Marxisten, für jeden revolutionären Proletarier und Internationalisten; sie ist *obligatorisch*, denn nur sie zieht marxistisch richtig die durch den Krieg geschaffene objektive Lage in allen europäischen Ländern in Betracht, nur sie allein entspricht den internationalen Aufgaben des Proletariats.

Dadurch, dass Kautsky der wichtigen Frage nach den Grundlagen der revolutionären Taktik überhaupt die belanglose Frage nach jenem Fehler unterschiebt, den die revolutionären Bolschewiki hätten machen können, aber nicht gemacht haben, hat er glücklich die revolutionäre Taktik überhaupt verleugnet!

Renegat in der Politik, *versteht er nicht einmal*, theoretisch *die Frage* nach den objektiven Voraussetzungen einer revolutionären Taktik *zu stellen.*

Und damit sind wir beim zweiten Punkt angelangt.

Zweitens. Der Marxist ist verpflichtet, auf die europäische Revolution zu rechnen, wenn eine *revolutionäre Situation* wirklich vorhanden ist. Es ist eine ABC-Wahrheit des Marxismus, dass die Taktik des sozialistischen Proletariats in einer wirklich revolutionären Situation nicht die gleiche sein kann wie in einer nichtrevolutionären Situation.

Hätte Kautsky diese für einen Marxisten obligatorische Frage aufgerollt, so hätte er gesehen, dass die Antwort unbedingt gegen ihn ausfallen muss. Lange vor dem Krieg waren sich alle Marxisten, alle Sozialisten darin einig, dass ein europäischer Krieg eine revolutionäre Situation schaffen würde. Als Kautsky noch nicht Renegat war, hat er das klar und bestimmt anerkannt, sowohl 1902 (»Die soziale Revolution«) als auch 1909 (»Der Weg zur Macht«), Das Baseler Manifest hat sich im Namen der gesamten II. Internationale dazu bekannt: nicht umsonst fürchten die Sozialchauvinisten und Kautskyaner aller Länder (die »Zentristen«, die Leute, die zwischen den Revolutionären und den Opportunisten hin und her schwanken) die entsprechenden Erklärungen im Baseler Manifest wie das Feuer!

Die Erwartung einer revolutionären Situation in Europa war folglich keine Schwärmerei der Bolschewiki, sondern die *allgemeine Ansicht* aller Marxisten. Wenn Kautsky diese unbestreitbare Wahrheit mit solchen Phrasen abtut wie: die Bolschewiki hätten *»stets an die Allmacht der Gewalt und des Willens geglaubt«*, so ist das einfach eine leere hohl klingende Phrase, die die Flucht, die schimpfliche Flucht Kautskys vor der Aufrollung der Frage nach der revolutionären Situation *tarnen* soll.

Ferner. Ist die revolutionäre Situation tatsächlich eingetreten oder nicht? Auch diese Frage hat Kautsky nicht aufzurollen vermocht. Auf diese Frage antworten die wirtschaftlichen Tatsachen: der überall durch den Krieg erzeugte Hunger und Ruin bedeutet eine revolutionäre Situation. Auf die gegebene Frage antworten auch die politischen Tatsachen: schon seit 1915 ist in *allen* Ländern der Prozess der Spaltung der alten, verfaulten sozialistischen

Parteien, der Prozess des *Abschwenkens der Massen* des Proletariats von den sozialchauvinislischen Führern nach links, zu den revolutionären Ideen und Stimmungen, zu den revolutionären Führern klar zutage getreten.

Am 5. August 1918, als Kautsky seine Broschüre schrieb, konnte diese Tatsache nur ein Mensch übersehen, der die Revolution fürchtet, der sie verrät. Heute aber, Ende Oktober 1918, wächst die Revolution in einer *Reihe* von Ländern Europas vor unser aller Augen, und zwar sehr schnell. Der »Revolutionär« Kautsky, der nach wie vor als Marxist gelten möchte, hat sich als ein kurzsichtiger Philister erwiesen, der – ähnlich den von Marx verspotteten Philistern von 1847 – die nahende Revolution nicht sah!!

Wir sind beim dritten Punkt angelangt.

Drittens. Welches sind die Besonderheiten der revolutionären Taktik, unter der Bedingung, dass eine revolutionäre Situation in Europa vorhanden ist? Kautsky, der zum Renegaten geworden ist, fürchtete, diese für einen Marxisten obligatorische Frage aufzuwerfen. Kautsky argumentiert wie ein typischer kleinbürgerlicher Philister oder unwissender Bauer: ist die *»allgemeine europäische Revolution«* herangerückt oder nicht? Wenn sie herangerückt ist, so ist *auch er* bereit, Revolutionär zu werden! Aber dann wird sich – wohlgemerkt – jeder Lump (vom Schlage jener Schufte, die sich jetzt mitunter an die siegreichen Bolschewiki anbiedern) für einen Revolutionär erklären!

Wenn nicht, so kehrt Kautsky der Revolution den Rücken! Er hat auch keinen Schimmer von Verständnis für jene Wahrheit, dass sich ein revolutionärer Marxist von einem Spießer und Kleinbürger dadurch unterscheidet, dass er versteht, den unwissenden Massen die Notwendigkeit der heranreifenden Revolution zu *propagieren*, ihre

Unvermeidlichkeit zu *beweisen*, ihren Nutzen für das Volk *klarzumachen*, das Proletariat und die ganzen werktätigen und ausgebeuteten Massen auf sie *vorzubereiten*.

Kautsky hat den Bolschewiki den Unsinn zugeschrieben, man hätte alles auf eine Karte gesetzt, in der Annahme, dass die europäische Revolution in einer bestimmten Frist ausbrechen werde.

Dieser Unsinn hat sich gegen Kautsky selbst gerichtet, denn gerade bei ihm stellt sich die Sache so dar: die Taktik der Bolschewiki wäre richtig gewesen, wenn die europäische Revolution am 5. August 1918 ausgebrochen wäre! Eben dieses Datum erwähnt Kautsky als den Zeitpunkt der Abfassung seiner Broschüre. Und als sich einige Wochen nach diesem 5. August klar herausstellte, dass die Revolution in einer Reihe europäischer Länder ausbricht, da offenbarte sich das ganze Renegatentum Kautskys, seine ganze Verfälschung des Marxismus, sein ganzes Unvermögen, revolutionär zu urteilen oder auch nur die Fragen revolutionär zu stellen, in seiner ganzen Herrlichkeit!

Wenn man die Proletarier Europas des Verrates anklage – schreibt Kautsky –, so sei das eine Anklage gegen Unbekannte.

Sie irren sich, Herr Kautsky! Schauen Sie in den Spiegel, und Sie werden die »Unbekannten« erblicken, gegen die sich diese Anklage richtet. Kautsky stellt sich naiv, er tut so, als begriffe er nicht, *wer* eine solche Anklage erhebt und *welchen Sinn* sie hat. In Wirklichkeit jedoch weiß Kautsky ausgezeichnet, dass die Anklage von den deutschen »Linken«, den Spartakusleuten, Liebknecht und seinen Freunden, erhoben wurde und erhoben wird. Diese Anklage ist der Ausdruck des *klaren Bewusstseins*, dass das deutsche Proletariat an der russischen (und internationalen) Revolution Verrat beging, als es Finnland, die Ukraine, Lettland und Estland würgte. Diese Anklage richtet sich vor allem und am stärksten nicht gegen die Masse, die stets geduckt ist, sondern gegen jene *Führer*, die wie die Scheidemann und Kautsky ihre Pflicht der revolutionären Agitation, der revolutionären Propaganda, der revolutionären Arbeit unter den Massen gegen die Trägheit dieser Massen *nicht erfüllt*, die faktisch den revolutionären Instinkten und Bestrebungen *zuwider*handelten, welche in der Tiefe der Massen der unterdrückten Klasse stets glimmen. Die Scheidemänner verrieten das Proletariat direkt, brutal, zynisch, zum größten Teil aus Eigennutz und gingen auf die Seite der Bourgeoisie über. Die Kautskyaner und Longuetisten taten dasselbe schwankend, schaukelnd, feige auf den jeweils Stärkeren schauend. Mit all seinen Schriften *erstickte* Kautsky während des Krieges den revolutionären Geist statt ihn zu fördern, ihn zu entfalten.

Es wird geradezu ein historisches Denkmal für den spießbürgerlichen Stumpfsinn des »durchschnittlichen« Führers der deutschen offiziellen Sozialdemokratie bleiben, dass Kautsky nicht einmal begreift, welch *gewaltige theoretische* Bedeutung und welche noch größere agitatorische und propagandistische Bedeutung die »Anklage« gegen die Proletarier Europas hat, dass sie die russische Revolution verraten haben! Kautsky versteht nicht, dass diese »Anklage« – bei den Zensurverhältnissen im deutschen »Imperium« – nahezu die einzige Form ist, in der die deutschen Sozialisten, die den Sozialismus nicht verraten haben, Liebknecht und seine Freunde, *ihren Appell an die deutschen Arbeiter* zum Ausdruck bringen, Scheidemann und Kautsky abzuschütteln, derartige »Führer« von sich zu stoßen, sich von ihren verblödenden, vulgarisierenden Predigten zu befreien, sich *gegen* sie, *ohne* sie, über sie hinweg *zur Revolution* zu erheben!

Kautsky versteht das nicht. Wie sollte er auch die Taktik der Bolschewiki verstehen? Kann man von einem Menschen, der sich von der Revolution überhaupt lossagt, erwarten, dass er die Entwicklungsbedingungen der Revolution in einem der »schwierigsten« Fälle abwäge und werte?

Die Taktik der Bolschewiki war richtig, war die *einzige* internationalistische Taktik, denn sie basierte nicht auf der feigen Furcht vor der Weltrevolution, nicht auf dem spießbürgerlichen »Unglauben« an sie, nicht auf dem beschränkt-nationalistischen Wunsch, für das »eigene« Vaterland (das Vaterland der eigenen Bourgeoisie) einzustehen und auf alles andere zu »spucken«, – sie beruhte auf der richtigen (vor dem Krieg, vor dem Renegatentum der Sozialchauvinisten und Sozialpazifisten allgemein anerkannten) *Einschätzung* der europäischen revolutionären Situation. Diese Taktik war allein internationalistisch, denn sie führte ein Höchstmaß dessen durch, was in *einem* Lande *für* die Entwicklung, Unterstützung, Entfachung der Revolution *in allen Ländern* durchführbar ist. Diese Taktik ist durch den gewaltigen Erfolg gerechtfertigt worden, denn der Bolschewismus ist (durchaus nicht wegen der Verdienste der russischen Bolschewiki, sondern kraft der allertiefsten Sympathie der *Massen* allenthalben für eine in der Tat revolutionäre Taktik) zum *Welt*bolschewismus geworden, er hat die Idee, die Theorie, das Programm, die Taktik gegeben, die sich konkret, praktisch vom Sozialchauvinismus und Sozialpazifismus unterscheiden. Der Bolschewismus hat der alten, verfaulten Internationale der Scheidemann und Kautsky, Renaudel und Longuet, Henderson und Macdonald den Todesstoß versetzt, die sich jetzt gegenseitig im Wege stehen, von »Einheit« träumen und den Leichnam zum Leben zu erwecken suchen werden. Der Bolschewismus hat die ideologischen und taktischen Grundlagen für die III. Internationale, die wirklich proletarische und kommunistische Internationale *geschaffen*, die sowohl die Errungenschaften der Friedensepoche als auch die Erfahrungen der *angebrochenen Epoche der Revolutionen* in Betracht zieht.

Der Bolschewismus hat die Idee der »Diktatur des Proletariats« in der ganzen Welt popularisiert, hat diese Worte aus dem Lateinischen zunächst ins Russische, dann in *alle* Sprachen der Welt übertragen und an dem Beispiel der *Sowjetmacht* gezeigt, dass die Arbeiter und die armen Bauern *sogar* eines rückständigen Landes, dass selbst die unerfahrensten, ungeschultesten und am wenigsten an Organisation gewöhnten Arbeiter und armen Bauern ein ganzes Jahr lang *imstande* waren, inmitten gigantischer Schwierigkeiten, im Kampfe gegen die (von der Bourgeoisie der *ganzen* Welt unterstützten) Ausbeuter die Macht der Werktätigen zu wahren, eine ungleich höhere und breitere Demokratie als alle früheren Demokratien der Welt zu schaffen und mit der schöpferischen Arbeit von Dutzenden Millionen Arbeitern und Bauern die praktische Verwirklichung des Sozialismus zu *beginnen*.

Der Bolschewismus hat in der Tat die Entwicklung der proletarischen Revolution in Europa und Amerika so stark gefördert, wie es bisher keine einzige Partei in irgendeinem Lande vermochte. Während es den Arbeitern der ganzen Welt von Tag zu Tag klarer wird, dass die Taktik der Scheidemann und Kautsky sie nicht von dem imperialistischen Krieg und von der Lohnsklaverei im Dienste der imperialistischen Bourgeoisie erlöst hat, dass diese Taktik als Vorbild für alle Länder ungeeignet ist, – wird es gleichzeitig den Massen der Proletarier aller Länder mit jedem Tage klarer, dass der Bolschewismus den richtigen Weg zur Rettung vor den Schrecken des Krieges und des Imperialismus gewiesen hat, dass der Bolschewismus *als Vorbild der Taktik für alle geeignet ist.*

Nicht nur die proletarische Revolution in ganz Europa, sondern die proletarische Weltrevolution reift vor aller Augen heran, und der Sieg des Proletariats in Russland hat sie gefördert, beschleunigt, unterstützt. Ist das alles wenig für den völligen Sieg des Sozialismus? Gewiss ist es wenig. *Ein* Land kann nicht mehr tun. Aber dieses eine Land hat, dank der Sowjetmacht, doch so viel getan, dass selbst dann, wenn morgen der Weltimperialismus die russische Sowjetmacht, nehmen wir an, durch eine Verständigung zwischen dem deutschen und dem englisch-französischen Imperialismus, erdrosseln sollte, – dass selbst in diesem schlimmsten aller Fälle die bolschewistische Taktik dem Sozialismus einen ungeheuren Nutzen gebracht und das Anwachsen der unbesiegbaren Weltrevolution gefördert haben würde.

Liebedienerei vor der Bourgeoisie unter dem Schein der »ökonomischen Analyse«

Wie schon gesagt, hätte das Buch Kautskys, wenn der Titel den Inhalt richtig wiedergeben sollte, sich nicht »Die Diktatur des Proletariats«, sondern »Nachbetung bürgerlicher Angriffe auf die Bolschewiki« nennen müssen.

Die alten »Theorien« der Menschewiki von dem bürgerlichen Charakter der russischen Revolution, d.h. die alte (von Kautsky 1905 *zurückgewiesene*!) Entstellung des Marxismus durch die Menschewiki, sind jetzt von unserem Theoretiker wieder aufgewärmt worden. Man wird auf diese Frage eingehen müssen, so langweilig sie auch für russische Marxisten sein mag.

Die russische Revolution ist eine bürgerliche Revolution, sagten alle Marxisten Russlands vor 1905. Die Menschewiki, die den Marxismus durch Liberalismus ersetzten, folgerten daraus: also darf das Proletariat nicht über das hinausgehen, was für die Bourgeoisie annehmbar ist, es muss eine Politik der Verständigung mit der Bourgeoisie treiben. Die Bolschewiki erklärten, das sei eine liberal-bürgerliche

Theorie. Die Bourgeoisie ist bestrebt, die Reorganisation des Staates auf bürgerliche Weise, *reformistisch* und nicht revolutionär zu vollziehen und sowohl die Monarchie als auch den gutsherrlichen Grundbesitz usw. nach Möglichkeit zu erhalten. Das Proletariat muss die bürgerlich-demokratische Revolution zu Ende führen, ohne sich durch den Reformismus der Bourgeoisie »binden« zu lassen. Das Kräfteverhältnis der *Klassen* in der bürgerlichen Revolution formulierten die Bolschewiki folgendermaßen: das Proletariat, das die Bauernschaft um sich vereinigt, neutralisiert die liberale Bourgeoisie und vernichtet die Monarchie, den mittelalterlichen gutsherrlichen Grundbesitz vollständig.

In dem Bündnis des Proletariats mit der Bauernschaft *überhaupt* tritt auch der bürgerliche Charakter der Revolution zutage, denn die Bauern überhaupt sind Kleinproduzenten, die auf dem Boden der Warenproduktion stehen. Weiterhin, fügten damals schon die Bolschewiki hinzu, zieht das Proletariat das *gesamte Halbproletariat* (alle Ausgebeuteten und Werktätigen) zu sich herüber, neutralisiert die mittlere Bauernschaft und *stürzt* die Bourgeoisie: darin besteht die sozialistische Revolution zum Unterschied von der bürgerlich-demokratischen. (Siehe meine Broschüre aus dem Jahre 1905: »Zwei Taktiken«, nachgedruckt in dem Sammelband: »Zwölf Jahre«, Petersburg 1907.)

Kautsky nahm 1905 an dieser Diskussion indirekt teil; auf eine Anfrage des damaligen Menschewiken Plechanow sprach er sich dem Wesen der Sache nach *gegen* Plechanow aus, was damals den besonderen Spott der bolschewistischen Presse hervorrief. Jetzt erwähnt Kautsky *mit keinem Sterbenswort* die damaligen Diskussionen (er fürchtet, durch seine eigenen Äußerungen bloßgestellt zu werden!)

und nimmt dadurch dem deutschen Leser jede Möglichkeit, das Wesen der Sache zu begreifen. Herr Kautsky *konnte* den deutschen Arbeitern 1918 *nicht* erzählen, wie er 1905 für ein Bündnis der Arbeiter mit den Bauern, und nicht mit der liberalen Bourgeoisie gewesen war, und unter welchen Bedingungen er dieses Bündnis verteidigt, was für ein Programm er für dieses Bündnis entworfen hatte.

Kautsky, der sich zurückentwickelt hat, verteidigt heute unter dem Schein einer »ökonomischen Analyse« mit arroganten Phrasen über »historischen Materialismus« die Unterwerfung der Arbeiter unter die Bourgeoisie, indem er mit Hilfe von Zitaten aus den Schriften des Menschewiken Maslow die alten liberalen Ansichten der Menschewiki wiederkäut; dabei wird mit Zitaten der neue Gedanke von der Rückständigkeit Russlands bewiesen und aus diesem neuen Gedanken eine alte Schlussfolgerung gezogen in dem Sinne, man dürfe in einer bürgerlichen Revolution nicht weiter gehen als die Bourgeoisie! Und das trotz allem, was Marx und Engels beim Vergleich der bürgerlichen Revolution von 1789-1793 in Frankreich mit der bürgerlichen Revolution von 1848 in Deutschland gesagt haben!

Bevor wir zum wichtigsten »Argument« und zum Hauptinhalt der »ökonomischen Analyse« Kautskys übergehen, wollen wir bemerken, dass gleich die ersten Sätze einen grotesken Gedankenwirrwarr oder mangelnde Durchdachtheit der Gedanken des Verfassers offenbaren.

»Die ökonomische Grundlage Russlands«, verkündet unser »Theoretiker«, *»ist heute noch die Landwirtschaft, und zwar der bäuerliche Kleinbetrieb. Von ihm leben etwa vier Fünftel, vielleicht sogar fünf Sechstel seiner Bewohner.«* (S. 45.) Erstens, mein lieber Theoretiker, haben Sie darüber nachgedacht, wie groß die Zahl der Ausbeuter unter dieser Masse von Kleinproduzenten sein mag? Gewiss nicht größer als ein

Zehntel ihrer Gesamtzahl, und in den Städten noch weniger, denn dort ist die Großproduktion stärker entwickelt. Nehmen Sie sogar eine unwahrscheinlich große Zahl, nehmen Sie an, dass ein Fünftel der Kleinproduzenten Ausbeuter sind, die das Stimmrecht verlieren. Auch dann ergibt sich, dass die 66 Prozent Bolschewiki auf dem V. Sowjetkongress die *Mehrheit der Bevölkerung* vertraten. Dem ist noch hinzuzufügen, dass unter den linken Sozialrevolutionären stets ein beträchtlicher Teil für die Sowjetmacht war, d.h. im Prinzip waren *alle* linken Sozialrevolutionäre für die Sowjetmacht, und als ein Teil von ihnen sich im Juli 1918 auf das Abenteuer des Aufstandes einließ, da sonderten sich von ihrer alten Partei zwei neue Parteien ab – die »Volkstümler-Kommunisten« und die »Revolutionären Kommunisten« (darunter waren angesehene linke Sozialrevolutionäre, die noch die alte Partei auf die wichtigsten Posten im Staate gestellt hatte; zu der ersteren gehörte z. B. Sachs, zur letzteren Kolegajew). Kautsky hat folglich selber – unversehens! – die lachhafte Mär widerlegt, dass hinter den Bolschewiki die Minderheit der Bevölkerung stehe.

Zweitens, mein lieber Theoretiker, haben Sie bedacht, dass der bäuerliche Kleinproduzent *unvermeidlich* zwischen Proletariat und Bourgeoisie hin und her schwankt? Diese durch die ganze neueste Geschichte Europas bestätigte marxistische Wahrheit hat Kautsky sehr zur rechten Zeit »vergessen«, denn sie zerschlägt restlos die ganze von ihm wiederholte menschewistische »Theorie«! Hätte Kautsky das nicht »vergessen«, so könnte er die Notwendigkeit der Diktatur des Proletariats in einem Lande, in dem die bäuerlichen Kleinproduzenten überwiegen, nicht verneinen.

Betrachten wir nun den Hauptinhalt der »ökonomischen Analyse« unseres Theoretikers.

Dass die Sowjetmacht eine Diktatur ist, ist unbestreitbar, sagt Kautsky. *»Aber ob gerade Diktatur des* Proletariats*?«*

> *»Sie (die Bauern) bilden unter der Sowjetverfassung die Mehrheit der zur Teilnahme an der Gesetzgebung und Regierung berechtigten Bevölkerung. Was uns als Diktatur des* Proletariats *hingestellt wird, würde sich, wenn es konsequent durchgeführt würde und eine Klasse überhaupt direkt die Diktatur auszuüben vermöchte, was nur einer Partei möglich ist, zu einer Diktatur der* Bauernschaft *gestalten.«* (S. 35.)

Und, außerordentlich zufrieden mit dieser tiefsinnigen und geistreichen Argumentation, versucht der gute Kautsky zu witzeln: *»Es scheint also, als sei die schmerzloseste Durchführung des Sozialismus dann gesichert, wenn sie in die Hände der Bauern gelegt wird.«* (S. 35.)

Sehr ausführlich, an Hand einer ganzen Reihe außerordentlich gelehrter Zitate aus Publikationen des halbliberalen Maslow, beweist unser Theoretiker den neuen Gedanken, dass die Bauern an hohen Getreidepreisen, an niedrigen Löhnen der städtischen Arbeiter u.a.m. interessiert seien. Diese neuen Gedanken werden, nebenbei bemerkt, um so langweiliger dargelegt, je geringere Beachtung den wirklich neuen Erscheinungen der Nachkriegszeit geschenkt wird, z.B. der Tatsache, dass die Bauern für Getreide nicht Geld, sondern Waren fordern, dass es ihnen an Geräten mangelt, die man um keinen Preis in genügender Anzahl bekommen kann. Darauf kommen wir noch besonders zu sprechen.

Kautsky beschuldigt also die Bolschewiki, die Partei des Proletariats, dass sie die Diktatur, die Durchführung des Sozialismus in die Hände der kleinbürgerlichen Bauernschaft gelegt habe. Ausgezeichnet, Herr Kautsky! Welcher Art sollten denn nach Ihrer erleuchteten Meinung die Beziehungen der Partei des Proletariats zur kleinbürgerlichen Bauernschaft sein?

Unser Theoretiker hat es vorgezogen, sich darüber auszuschweigen, wohl eingedenk des Sprichwortes: *»Reden ist Silber, Schweigen ist Gold.«* Durch die folgende Erörterung aber hat sich Kautsky selbst verraten:

> *»In ihren (der Sowjetrepublik) Anfängen bildeten die bäuerlichen Sowjets die Organisationen der* Bauernschaft *überhaupt. Heute verkündet sie, die Sowjets stellten die Organisationen der Proletarier und der* armen *Bauern dar. Die Wohlhabenden verlieren das Wahlrecht zu den Sowjets. Der arme Bauer wird hier als dauerndes und massenhaftes Produkt der sozialistischen Agrarreform der ‚Diktatur des Proletariats' anerkannt.«* (S. 48.)

Welch tödliche Ironie! Man kann sie in Russland von jedem beliebigen Bourgeois zu hören bekommen: voller Schadenfreude spotten sie alle darüber, dass die Sowjetrepublik offen die Existenz armer Bauern zugibt. Sie lachen über den Sozialismus. Das ist ihr gutes Recht. Ein »Sozialist« aber, der darüber lachen kann, dass es bei uns nach dem überaus verheerenden vierjährigen Kriege arme Bauern gibt – und noch lange geben wird –, ein solcher »Sozialist« konnte nur in einer Atmosphäre des Massenrenegatentums entstehen. Man höre weiter:

> *»Sie (die Sowjetrepublik) greift allerdings in das Verhältnis zwischen reicheren und ärmeren Bauern ein, jedoch nicht durch eine neue Bodenverteilung. Um dem Mangel der Städter an Lebensmitteln abzuhelfen, wurden Abteilungen bewaffneter Arbeiter auf die Dörfer geschickt, die den reicheren Bauern ihren Überschuss an Lebensmitteln abnahmen. Ein Teil wurde der städtischen Bevölkerung zugewiesen, ein Teil den ärmeren Bauern.«* (S. 48.)

Selbstverständlich, der Sozialist und Marxist Kautsky ist tief empört bei dem Gedanken, dass sich eine solche Maßnahme über die Umgebung der größeren Städte hinaus erstrecken könnte (sie erstreckt sich aber bei uns auf das ganze Land). Der Sozialist und Marxist Kautsky bemerkt belehrend mit der unnachahmlichen, unvergleichlichen, entzückenden Kaltblütigkeit (oder mit dem Stumpfsinn) eines Philisters: »*...Nur tragen sie (die Expropriierungen wohlhabender Bauern) ein neues Element der Unruhe und des Bürgerkrieges in den Produktionsprozess hinein...*« (der in den »Produktionsprozess« hinein getragene Bürgerkrieg – das ist schon etwas Übernatürliches!) »*...der zu seiner Gesundung der Ruhe und Sicherheit dringend bedarf.*« (S. 49.)

Ja, ja, wegen der Ruhe und Sicherheit der Ausbeuter und Getreidespekulanten, die die Getreideüberschüsse verstecken, das Gesetz über das Getreidemonopol durchbrechen und die städtische Bevölkerung dem Hunger ausliefern – deswegen muss der Marxist und Sozialist Kautsky selbstverständlich seufzen und Tränen vergießen. Wir alle sind Sozialisten, Marxisten und Internationalisten – schreien im Chor die Herren Kautsky, Heinrich Weber (Wien), Longuet (Paris), Macdonald (London) usw. - wir alle sind für die Revolution der Arbeiterklasse, aber... aber nur so, dass die Ruhe und Sicherheit der Getreidespekulanten nicht gestört werde! Und diese schmutzige Liebedienerei vor den Kapitalisten tarnen wir durch den »marxistischen« Hinweis auf den »Produktionsprozess«...Wenn das Marxismus ist, was nennt man dann Lakaientum gegenüber der Bourgeoisie?

Man sehe, was da bei unserem Theoretiker herausgekommen ist. Er beschuldigt die Bolschewiki, sie gäben die Diktatur der Bauernschaft für die Diktatur des Proletariats aus. Und gleichzeitig beschuldigt er uns, dass wir den Bürgerkrieg ins Dorf tragen (was wir uns als *Verdienst* anrechnen), dass wir bewaffnete Arbeiterabteilungen aufs Dorf schicken, die offen verkünden, dass sie die »Diktatur des Proletariats und der armen Bauern« verwirklichen, den letzteren helfen und bei den Spekulanten und Großbauern das überschüssige Getreide enteignen, das diese unter Verletzung des Gesetzes über das Getreidemonopol verstecken.

Einerseits tritt unser marxistischer Theoretiker für die reine Demokratie ein, für die Unterordnung der revolutionären Klasse, der Führerin der Werktätigen und Ausgebeuteten, unter die Mehrheit der Bevölkerung (einschließlich also auch der Ausbeuter). Anderseits setzt er *gegen* uns die Unvermeidlichkeit des bürgerlichen Charakters der Revolution auseinander, bürgerlich deshalb, weil die Bauernschaft in ihrer Gesamtheit auf dem Boden der bürgerlichen gesellschaftlichen Verhältnisse steht; gleichzeitig erhebt er aber Anspruch darauf, den proletarischen, marxistischen Klassenstandpunkt zu vertreten!

Anstatt einer »ökonomischen Analyse« – ein Brei und ein Wirrwarr erster Sorte. Anstatt Marxismus – Bruchstücke liberaler Lehren und die Predigt des Lakaientums gegenüber der Bourgeoisie und den Kulaken.

Die durch Kautsky verwirrte Frage haben die Bolschewiki bereits 1905 völlig geklärt. Ja, unsere Revolution ist eine bürgerliche, *solange* wir mit der Bauernschaft in ihrer *Gesamtheit* zusammengehen. Das erkannten wir klipp und klar, das haben wir seit 1905 hunderte und tausende Male gesagt, und niemals haben wir versucht, diese notwendige Stufe des historischen Prozesses zu überspringen oder durch Dekrete zu beseitigen. Die krampfhaften Bemühungen Kautskys, uns in diesem Punkt »bloßzustellen«, stellen nur die Verworrenheit seiner Ansichten und seine Furcht bloß, sich an das zu erinnern, was er 1905 geschrieben hat, als er noch kein Renegat war.

Aber seit *April* 1917, lange vor der Oktoberrevolution, lange bevor wir die Macht ergriffen, sagten wir dem Volk offen und klärten es darüber auf, dass die Revolution nunmehr dabei nicht stehenbleiben könne, denn das Land ist vorwärtsgegangen, der Kapitalismus hat Fortschritte gemacht, unerhörte Ausmaße hat die Zerrüttung angenommen, die (ob man will oder nicht) das Vorwärtsschreiten zum *Sozialismus erfordern wird.* Denn es ist *unmöglich*, anders vorwärtszukommen, anders das durch den Krieg erschöpfte Land zu retten, anders die Qualen der Werktätigen und Ausgebeuteten *zu mildern.*

Und es kam denn auch so, wie wir gesagt hatten. Der Verlauf der Revolution hat die Richtigkeit unserer Argumentation bestätigt. *Zuerst* zusammen mit der »ganzen« Bauernschaft gegen die Monarchie, gegen die Gutsbesitzer, gegen das Mittelalterliche (und insoweit bleibt die Revolution eine bürgerliche, bürgerlich-demokratische Revolution). *Dann* zusammen mit der armen Bauernschaft, zusammen mit dem Halbproletariat, zusammen mit allen Ausgebeuteten *gegen den Kapitalismus*, einschließlich der Reichen im Dorf, der Kulaken, der Spekulanten, und insofern wird die Revolution zu einer *sozialistischen* Revolution. Der Versuch, künstlich eine chinesische Mauer zwischen dieser und jener aufzurichten, sie voneinander durch etwas *anderes* zu trennen als durch den Grad der Schulung des Proletariats und den Grad seines Zusammenschlusses mit der Dorfarmut, ist die größte Entstellung des Marxismus, seine Vulgarisierung, seine Ersetzung durch den Liberalismus. Das würde bedeuten, durch quasigelehrte Hinweise auf die Fortschrittlichkeit der Bourgeoisie im Verhältnis zu dem Mittelalterlichen eine gegenüber dem sozialistischen Proletariat reaktionäre Verteidigung der Bourgeoisie einzuschmuggeln.

Die Sowjets sind unter anderem gerade deshalb eine unermesslich höhere Form und ein höherer Typus der Demokratie, weil sie dadurch, dass *sie die Masse der Arbeiter und Bauern* zusammenschließen und in die Politik hineinziehen, ein dem »Volke« (in dem Sinne, wie Marx 1871 von einer wirklichen Volksrevolution sprach) überaus nahes, äußerst empfindliches Barometer der Entwicklung und des Wachstums der politischen Reife, der Klassenreife der Massen bilden. Die Sowjetverfassung ist nicht nach irgendeinem »Plan« ausgearbeitet, nicht in Studierstuben verfasst und den Werktätigen durch bürgerliche Juristen aufgedrängt worden. Nein, diese Verfassung *erwuchs* aus dem Entwicklungsgang des *Klassenkampfes*, in dem Maße, wie die *Klassengegensätze* heranreiften. Gerade die Tatsachen, die Kautsky zugeben muss, beweisen das.

Anfangs umfassten die Sowjets die Bauernschaft in ihrer Gesamtheit. Die Unreife, Rückständigkeit, Unwissenheit gerade der armen Bauern gab die Führung in die Hände der Kulaken, der Begüterten, der Kapitalisten, des Kleinbürgertums, der kleinbürgerlichen Intellektuellen. Das war die Zeit der Herrschaft des Kleinbürgertums, der Menschewiki und der Sozialrevolutionäre (diese und jene für Sozialisten halten, können nur Dummköpfe oder Renegaten vom Schlage Kautskys). Das Kleinbürgertum schwankte unvermeidlich, unausbleiblich zwischen der Diktatur der Bourgeoisie (Kerenski, Kornilow, Sawinkow) und der Diktatur des Proletariats, denn die grundlegenden Eigentümlichkeiten seiner ökonomischen Stellung machen es zu irgendwelchem selbständigen Handeln unfähig. Beiläufig bemerkt, Kautsky sagt sich völlig vom Marxismus los, wenn er sich bei der Analyse der russischen Revolution auf den juristischen, formalen Begriff der »Demokratie« beschränkt, der der Bourgeoisie zur Tarnung ihrer Herrschaft und zum Betrug der Massen dient, und wenn er *vergisst*, dass »Demokratie« in Wirklichkeit manchmal die *Diktatur der Bourgeoisie* bedeutet, manchmal den ohnmächtigen Reformismus des Kleinbürgertums, das sich dieser Diktatur unterordnet usw. Nach Kautsky gab es in dem kapitalistischen Lande bürgerliche Parteien, gab es eine proletarische Partei (die Bolschewiki), die die Mehrheit des Proletariats, die proletarische Masse, hinter sich halte, *aber es gab keine* kleinbürgerlichen Parteien! Die Menschewiki und Sozialrevolutionäre hätten *keine Klassengrundlage* gehabt, wären nicht im Kleinbürgertum verwurzelt gewesen!

Die Schwankungen des Kleinbürgertums, der Menschewiki und der Sozialrevolutionäre, haben die Massen aufgeklärt und sie in ihrer ungeheuren Mehrheit – alle »unteren Schichten«, alle Proletarier und Halbproletarier – von diesen »Führern« abgestoßen.

In den Sowjets erhielten die Bolschewiki das Übergewicht (in Petrograd und Moskau gegen Oktober 1917), in den Reihen der Sozialrevolutionäre und der Menschewiki vertiefte sich die Spaltung.

Die siegreiche bolschewistische Revolution bedeutete das Ende der Schwankungen, bedeutete die völlige Zerstörung der Monarchie und des gutsherrlichen Grundbesitzes (bis zur Oktoberrevolution war er *nicht* zerstört). Die *bürgerliche* Revolution wurde von uns *zu Ende* geführt. Die Bauernschaft ging *als Ganzes* mit uns. Ihr Gegensatz zum sozialistischen Proletariat konnte nicht im Nu zutage treten. Die Sowjets umfassten die Bauernschaft *überhaupt*. Die Klassenteilung innerhalb der Bauernschaft war noch nicht herangereift, trat noch nicht zutage.

Dieser Prozess kam im Sommer und Herbst 1918 zur Entwicklung. Der tschechoslowakische konterrevolutionäre Aufstand rüttelte die Kulaken auf. Durch Russland lief eine Welle von Kulakenaufständen. Die arme Bauernschaft lernte nicht aus Büchern, nicht aus Zeitungen, *sondern aus dem Leben*, dass ihre Interessen mit denen der Kulaken, der Reichen, der Dorfbourgeoisie nicht zu versöhnen sind. Die »linken Sozialrevolutionäre« widerspiegelten, wie jede kleinbürgerliche Partei, die Schwankungen der Massen, und eben im Sommer 1918 spalteten sie sich: der eine Teil ging mit den Tschechoslowaken (der Aufstand in Moskau, als Proschjan das Telegraphenamt – für eine Stunde! – besetzte und Russland den Sturz der Bolschewiki verkündete, dann der Verrat Murawjows, des Oberbefehlshabers der Armee gegen die Tschechoslowaken, usw.), der andere, oben erwähnte Teil blieb bei den Bolschewiki.

Die Verschärfung der Lebensmittelnot in den Städten spitzte die Frage des Getreidemonopols immer mehr zu (das der Theoretiker Kautsky in seiner ökonomischen Analyse »vergessen« hat, die die vor zehn Jahren bei Maslow herausgelesenen Abc-Weisheiten nachplappert!).

Der alte Staat der Gutsbesitzer und der Bourgeoisie, ja sogar der demokratisch-republikanische Staat schickte ins Dorf bewaffnete Abteilungen, die faktisch der Bourgeoisie zur Verfügung standen. Davon weiß Herr Kautsky nichts! Darin erblickt er keine »Diktatur der Bourgeoisie.« Gott bewahre! Das ist »reine Demokratie«, besonders wenn ein bürgerliches Parlament seinen Segen dazu gegeben hätte! Dass Awxentjew und S. Maslow in trauter Gemeinschaft mit Kerenski, Zereteli und ähnlichem Volk der Sozialrevolutionäre und Menschewiki im Sommer und Herbst 1917 die Mitglieder der Bodenkomitees verhaften ließen – davon hat Kautsky »nichts gehört«, darüber schweigt er!

Die Sache ist einfach die, dass der bürgerliche Staat, der die Diktatur der Bourgeoisie vermittels der demokratischen Republik verwirklicht, vor dem Volke nicht zugeben kann, dass er der Bourgeoisie dient, dass er die Wahrheit nicht sagen kann, dass er gezwungen ist, zu heucheln.

Ein Staat vom Typus der Kommune aber, der Sowjetstaat, sagt dem Volke offen und unumwunden die *Wahrheit* und erklärt ihm, dass er die Diktatur des Proletariats und der armen Bauernschaft ist; und gerade durch diese Wahrheit gewinnt er Millionen und aber Millionen neuer Bürger für sich, die in jeder beliebigen demokratischen Republik geduckt worden waren, die durch die Sowjets in die Politik, in die *Demokratie*, in die Verwaltung des Staates hineingezogen werden. Die Sowjetrepublik schickt bewaffnete Arbeiterabteilungen ins Dorf; in erster Linie die fortgeschritteneren Arbeiter der Hauptstädte. Diese Arbeiter tragen den Sozialismus ins Dorf, ziehen die Dorfarmut auf ihre Seite, organisieren sie und klären sie auf, helfen ihr, *den Widerstand der Bourgeoisie zu unterdrücken.*

Alle, die die Dinge kennen und im Dorfe waren, sagen, dass unser Dorf erst im Sommer und Herbst 1918 die »Oktoberrevolution« (d.h. die proletarische Revolution) *selbst* durchmacht. Es tritt eine Wendung ein. Die Welle der Kulakenaufstände wird von dem Aufschwung der Dorfarmut, von dem Anwachsen der »Komitees der Dorfarmut« abgelöst. In der Armee wächst die Zahl der Kommissare, Offiziere, Divisions- und Armeekommandeure aus den Reihen der Arbeiter. Während Kautsky, durch die Julikrise (1918) und das Geheul der Bourgeoisie aufgeschreckt, geschäftig hinter ihr herläuft und eine ganze Broschüre schreibt, die von der Überzeugung getragen ist, dass die Bolschewiki am Vorabend ihres Sturzes durch die Bauernschaft stehen, während Kautsky in der Absplitterung der linken Sozialrevolutionäre eine »Verengerung« (S. 37) des Kreises jener erblickt, die die Bolschewiki unterstützen, *wächst* der *wirkliche* Kreis der Anhänger des Bolschewismus ins *Unermessliche*, denn Millionen und aber Millionen der Dorfarmut erwachen zu *selbständigem* politischen Leben und befreien sich von der Vormundschaft und dem Einfluss der Kulaken und der Dorfbourgeoisie.

Wir haben Hunderte von linken Sozialrevolutionären, charakterlosen Intellektuellen und Kulaken aus den Reihen der Bauern verloren, haben aber Millionen Vertreter der Dorfarmut gewonnen.[15]

Ein Jahr nach der proletarischen Revolution in den Hauptstädten ist unter ihrem Einfluss und mit ihrer Hilfe die proletarische Revolution in den abgelegensten Winkeln des flachen Landes zum Durchbruch gekommen, sie hat die Sowjetmacht und den Bolschewismus endgültig gefestigt und endgültig bewiesen, dass es im Innern des Landes keine Kräfte gegen sie gibt.

Nachdem das Proletariat Russlands zusammen mit der Bauernschaft überhaupt die bürgerlich-demokratische Revolution vollendet hatte, ging es endgültig zur sozialistischen Revolution über, als es ihm gelang, das Dorf zu spalten, die Proletarier und Halbproletarier zu sich herüber zu ziehen und sie zum Kampf gegen die Kulaken und die Bourgeoisie, einschließlich der bäuerlichen Bourgeoisie, zusammenzuschließen.

Hätte das bolschewistische Proletariat der Hauptstädte und der großen Industriezentren es nicht verstanden, die Dorfarmut gegen die reichen Bauern um sich zu scharen,

15 Auf dem VI. Rätekongress (7.-9. November 1918) waren 967 Delegierte mit beschließender Stimme anwesend, davon 950 Bolschewiki, und 851 Delegierte mit beratender Stimme, davon 335 Bolschewiki. Insgesamt 97 Prozent Bolschewiki. [Diese Fußnote fehlt im Manuskript.]

dann wäre damit die »Unreife« Russlands für die sozialistische Revolution bewiesen worden, dann wäre die Bauernschaft ein »Ganzes«, d.h. unter der wirtschaftlichen, politischen und geistigen Führung der Kulaken, der Reichen, der Bourgeoisie geblieben, dann hätte die Revolution nicht die Grenzen der bürgerlich-demokratischen Revolution überschritten. (Aber auch damit wäre – in Klammern gesagt – nicht bewiesen, dass das Proletariat die Macht nicht hätte ergreifen dürfen, denn nur das Proletariat hat die bürgerlich-demokratische Revolution wirklich zu Ende geführt, nur das Proletariat hat etwas Ernsthaftes für das Herannahen der proletarischen Weltrevolution getan, nur das Proletariat hat den Sowjetstaat geschaffen, der nach der Kommune der zweite Schritt zum sozialistischen Staat ist.)

Hätte anderseits das bolschewistische Proletariat gleich im Oktober-November 1917, ohne die Klassendifferenzierung im Dorfe abzuwarten, ohne sie *vorbereitet* und durchgeführt zu haben, den Bürgerkrieg oder die »Einführung des Sozialismus« im Dorf zu »dekretieren« versucht, hätte es versucht, ohne einen zeitweiligen Block (ein Bündnis) mit der gesamten Bauernschaft, ohne eine Reihe von Zugeständnissen an den Mittelbauer usw. auszukommen, so wäre das eine blanquistische Entstellung des Marxismus gewesen, wäre der Versuch einer Minderheit, der Mehrheit ihren Willen aufzuzwingen, ein theoretischer Widersinn und ein Nichtverstehen dessen gewesen, dass eine Revolution der gesamten Bauernschaft noch eine bürgerliche Revolution ist und dass es in einem rückständigen Lande *ohne eine Reihe von Übergängen, von Übergangsstufen* nicht möglich ist, diese zu einer sozialistischen zu machen.

Kautsky hat in der höchst wichtigen theoretischen und politischen Frage alles durcheinander geworfen und sich in der Praxis einfach als Lakai der Bourgeoisie erwiesen, der gegen die Diktatur des Proletariats zetert.

* * *

Eine ebensolche, wenn nicht noch größere Verwirrung hat Kautsky in einer anderen, höchst interessanten und wichtigen Frage angerichtet, nämlich in der Frage, ob die *gesetzgeberische* Tätigkeit der Sowjetrepublik bei der Umgestaltung der Agrarverhältnisse, dieser äußerst schwierigen und gleichzeitig sehr wichtigen sozialistischen Umgestaltung, im Prinzip richtig angepackt und dann zweckmäßig durchgeführt worden ist. Wir wären jedem westeuropäischen Marxisten unendlich dankbar, wenn er nach Kenntnisnahme auch nur der wichtigsten Dokumente eine *Kritik* unserer Politik gäbe, denn damit würde er uns außerordentlich helfen, würde auch der in der ganzen Welt heranreifenden Revolution helfen. Kautsky aber gibt statt einer solchen Kritik einen heillosen theoretischen Wirrwarr, der den Marxismus in Liberalismus verwandelt, und bringt praktisch nichts als leere, boshafte, spießerhafte Ausfälle gegen die Bolschewiki. Der Leser urteile selbst:

»Der Großgrundbesitz wurde durch die Revolution unhaltbar. Das trat sofort klar zutage. Ihn der bäuerlichen Bevölkerung zu übergeben, wurde unvermeidlich…« (Das stimmt nicht, Herr Kautsky: Sie setzen das für Sie »Klare« an die Stelle des Verhaltens der verschiedenen *Klassen* zu dieser Frage; die Geschichte der Revolution hat bewiesen, dass die Regierung der Koalition des Bourgeois mit dem Kleinbürger, mit den Menschewiki und Sozialrevolutionären, eine Politik der Erhaltung des Großgrundbesitzes getrieben hat. Das haben insbesondere das Gesetz S. Maslows und die Verhaftungen der Mitglieder der Bodenkomitees bewiesen. Ohne die Diktatur des Proletariats hätte die

»bäuerliche Bevölkerung« den Gutsbesitzer, der sich mit dem Kapitalisten vereinigt hatte, nicht besiegt.)

> »... *Indes war man keineswegs einig darüber, in welchen Formen das geschehen sollte. Verschiedene Lösungen waren denkbar...«* (Kautsky ist vor allem um das »einig sein« der »Sozialisten« besorgt, wer immer sich diesen Namen auch beilegen mag. Dass die Hauptklassen der kapitalistischen Gesellschaft zu verschiedenen Entscheidungen kommen müssen, vergisst er.) »... *Vom sozialistischen Standpunkt die rationellste wäre die gewesen, die Großbetriebe in Staatsbesitz zu übernehmen und durch die Bauern, die auf ihnen bisher als Lohnarbeiter tätig gewesen waren, nun in genossenschaftlichen Formen bearbeiten zu lassen. Indessen setzt diese Lösung eine Landarbeiterschaft voraus, wie sie Russland nicht besitzt. Eine andere Lösung hätte dahin gehen können, dass der Großgrundbesitz in Staatseigentum überging, jedoch in* kleine *Güter verteilt wurde, die von den landarmen Bauern in Pacht genommen wurden. Da wäre noch etwas vom Sozialismus dabei verwirklicht worden.«*

Kautsky zieht sich, wie immer, mit dem berühmten »einerseits – andrerseits« aus der Affäre. Er stellt verschiedene Lösungen *nebeneinander*, ohne dass ihm der Gedanke – der einzig reale, einzig marxistische Gedanke – kommt, welches die *Übergangsstufen* vom Kapitalismus zum Kommunismus unter den und den *besonderen Verhältnissen* sein müssen. In Russland gibt es landwirtschaftliche Lohnarbeiter, aber ihrer sind wenige, und die von der Sowjetregierung *aufgeworfene* Frage des Überganges zur Bodenbearbeitung durch Kommunen und Genossenschaften hat Kautsky nicht berührt. Das Sonderbarste ist jedoch, dass Kautsky in der Verpachtung kleiner Güter »etwas vom Sozialismus« erblicken will. In Wirklichkeit ist das eine *kleinbürgerliche* Losung, und »vom Sozialismus« gibt es hier *kei-*

ne Spur. Ist der den Boden verpachtende »Staat« *nicht* ein Staat vom Typus der Kommune, sondern eine parlamentarische bürgerliche Republik (eben das ist die ständige Voraussetzung Kautskys), so wird die Verpachtung kleiner Bodenstücke eine typisch *liberale Reform* sein.

Dass die Sowjetmacht *jegliches* Eigentum an Grund und Boden aufgehoben hat, verschweigt Kautsky. Noch schlimmer. Er begeht eine unglaubliche Fälschung und zitiert die Dekrete der Sowjetmacht so, dass das Wesentlichste unterschlagen wird.

Nachdem Kautsky erklärt hat, dass *»der Kleinbetrieb, wo er nur kann, nach dem vollen Privateigentum an seinen Produktionsmitteln trachtet«*, dass die Konstituante die *»einzige Autorität«* wäre, die imstande sei, die Aufteilung zu verhindern (eine Behauptung, die in Russland Gelächter hervorrufen wird, denn jedermann weiß, dass bei den Arbeitern und Bauern *nur* die Sowjets Autorität besitzen, während die Konstituante zur Losung der Tschechoslowaken und Gutsbesitzer geworden ist) – fährt er fort:

> *»Einer der ersten Beschlüsse der Sowjetregierung verordnete:*
>
> *1. Das gutsherrliche Eigentum an Grund und Boden wird ohne Entschädigung sofort aufgehoben.*
>
> *2. Die Güter der Grundherren sowie die Apanagen-, Kloster- und Kirchengüter mit ihrem gesamten lebenden und toten Inventar, ihren Wirtschaftsgebäuden und allem Zubehör gehen, bis zur Entscheidung der Bodenfrage durch die Konstituierende Versammlung, in die Verfügung der Bezirksbodenkomitees der Kreisräte der Bauerndeputierten über.«*

Kautsky zitiert *nur diese zwei Punkte* und zieht dann die Schlussfolgerung:

> *»Die Verweisung auf die Konstituierende Versammlung blieb toter Buchstabe. Tatsächlich konnten die Bauern der einzelnen Bezirke mit dem Gutsbesitz anfangen, was sie wollten.«* (S. 47.)

Da haben wir Musterbeispiele Kautskyscher »Kritik«! Da haben wir die »wissenschaftliche« Arbeit, die eher einer Fälschung gleichkommt. Dem deutschen Leser wird beigebracht, die Bolschewiki hätten in der Frage des Privateigentums am Boden vor den Bauern kapituliert! Die Bolschewiki hätten den Bauern anheim gestellt, einzeln (*»der einzelnen Bezirke«*) zu machen was sie wollen!

In Wirklichkeit aber besteht das von Kautsky zitierte Dekret – das erste, am 8. November (26. Oktober) 1917 erlassene Dekret – nicht aus zwei, sondern aus fünf Artikeln *plus* acht Paragraphen der »Instruktion«, von der ausdrücklich gesagt wird, dass sie *»als Richtschnur dienen soll.«*

Im Artikel 3 des Dekrets heißt es, dass die Wirtschaften *»ins Eigentum des Volkes«* übergehen, dass die Aufstellung eines *»genauen Verzeichnisses des gesamten der Beschlagnahme unterliegenden Besitzes«* und die *»strengste revolutionäre Bewachung«* obligatorisch sind. Und in der »Instruktion« heißt es, dass *»das Recht des Privateigentums an Grund und Boden für immer aufgehoben wird«*, dass *»Ländereien mit hochentwickelten Wirtschaften« »nicht der Aufteilung unterliegen«*, dass *»das gesamte tote und lebende Inventar der konfiszierten Ländereien, je nach ihrer Größe und Bedeutung«*, ohne jede Entschädigung in die ausschließliche Nutzung des Staates oder der Gemeinden übergeht, dass *»der gesamte Boden in den Bodenfonds übergeht, der Eigentum des ganzen Volkes ist.«*

Ferner wurde gleichzeitig mit der Auflösung der Konstituierenden Versammlung (5. I. 1918) von dem III. Sowjetkongress die »*Deklaration der Rechte* des werktätigen und ausgebeuteten Volkes« angenommen, die jetzt in das Grundgesetz der Sowjetrepublik aufgenommen worden ist. In Artikel 2, Punkt 1 dieser Deklaration heißt es, dass das »*Privateigentum an Grund und Boden abgeschafft wird*« und dass die »*Mustergüter und landwirtschaftlichen Musterbetriebe zu Nationaleigentum erklärt werden.*«

Die Verweisung auf die Konstituierende Versammlung ist also *kein* toter Buchstabe geblieben, denn eine andere allgemeine Volksvertretung, die in den Augen der Bauern unvergleichlich angesehener ist, hat die Lösung der Agrarfrage auf sich genommen.

Weiter, am 19. (6.) Februar 1918 wurde das Gesetz über die Sozialisierung des Grund und Bodens veröffentlicht, das nochmals die Abschaffung jeglichen Eigentums an Grund und Boden bestätigt und die Verfügung sowohl über den Boden als auch über das gesamte *private Inventar* den Sowjetbehörden, *unter Kontrolle der föderativen Sowjetmacht*, überträgt; als Aufgaben der Verfügung über den Grund und Boden werden aufgestellt

> »*die Entwicklung der kollektiven Wirtschaft in der Landwirtschaft als vorteilhafter im Sinne einer Ersparnis an Arbeit und Produkten, auf Kosten der Einzelwirtschaften, zum Zweck des Überganges zur sozialistischen Wirtschaft.*« (Artikel 11, Punkt e.)

Indem dieses Gesetz die *ausgleichende* Bodennutzung einführt, antwortet es auf die grundlegende Frage: »*Wer ist zur Bodennutzung berechtigt?*« folgendermaßen:

> »*Artikel 20. Einzelne Bodenparzellen dürfen im Bereich der Russischen Föderativen Sowjetrepublik für gesellschaftliche sowie für persönliche Bedürfnisse benutzen: A. Zu Kultur- und Bildungszwecken: 1. Der Staat, ver-*

treten durch die Organe der Sowjetmacht (Föderative, Gebiets-, Gouvernements-, Kreis-, Bezirks- und Dorfbehörden); 2. gesellschaftliche Organisationen (unter Kontrolle, und mit Genehmigung der örtlichen Sowjetbehörden). B. Zu landwirtschaftlicher Benutzung: 3. landwirtschaftliche Kommunen; 4. landwirtschaftliche Genossenschaften; 5. Dorfgemeinden; 6. einzelne Familien und Personen…«

Der Leser sieht, dass Kautsky die Sache vollkommen entstellt und die Agrarpolitik und die Agrargesetzgebung des proletarischen Staates in Russland dem deutschen Leser absolut falsch dargestellt hat.

Die theoretisch wichtigen, grundlegenden Fragen hat Kautsky nicht einmal aufzuwerfen verstanden! Diese Fragen sind die folgenden:

1. Die Ausgleichung der Bodennutzung und

2. Die Nationalisierung des Grund und Bodens – das Verhältnis dieser beiden Maßnahmen zum Sozialismus im Allgemeinen und zum Übergang vom Kapitalismus zum Kommunismus, im Besonderen.

3. Die gesellschaftliche Bodenbearbeitung als Übergang von dem kleinen, zersplitterten zum großen, gesellschaftlichen Ackerbau. Entspricht die Behandlung dieser Frage in der Sowjetgesetzgebung den Anforderungen des Sozialismus?

Zur ersten Frage muss man vor allen Dingen die beiden folgenden grundlegenden Tatsachen feststellen: a) Die Bolschewiki haben sowohl bei der Auswertung der Erfahrung von 1905 (ich verweise z.B. auf meine Arbeit über die Agrarfrage in der ersten russischen Revolution) auf die demokratisch-fortschrittliche, demokratisch-revolutionäre Bedeutung der Losung von der ausgleichenden Bodennutzung hingewiesen als auch im Jahre 1917, vor der Oktoberrevolution, mit aller Bestimmtheit darüber gesprochen, b) Bei der Durchführung des Gesetzes über die Sozialisierung des Bodens – eines Gesetzes, dessen »Seele« die Losung von der ausgleichenden Bodennutzung ist – haben die Bolschewiki *mit* der größten Genauigkeit und Bestimmtheit erklärt: diese Idee ist nicht die unsere, wir sind mit einer solchen Losung nicht einverstanden, wir halten es für unsere Pflicht, sie durchzuführen, weil sie die Forderung der überwältigenden Mehrheit der Bauern ist. Die Ideen und Forderungen der Mehrheit der Werktätigen aber müssen *von ihnen selbst überwunden* werden; diese Forderungen kann man weder »aufheben« noch »überspringen.« Wir Bolschewiki werden der Bauernschaft *helfen*, die kleinbürgerlichen Losungen zu überwinden, von ihnen so schnell und so leicht wie möglich zu sozialistischen Losungen *überzugehen.*

Ein marxistischer Theoretiker, der mit seiner wissenschaftlichen Analyse der Arbeiterrevolution helfen wollte, müsste erstens darauf antworten, ob es richtig ist, dass die Idee der ausgleichenden Bodennutzung demokratisch-revolutionäre Bedeutung hat, die Bedeutung, dass die bürgerlich-demokratische Revolution bis ans Ende geführt wird? Zweitens, ob die Bolschewiki richtig gehandelt haben, als sie mit ihren Stimmen das kleinbürgerliche Gesetz über die ausgleichende Bodennutzung zur Annahme brachten (und es in loyalster Weise einhielten)?

Kautsky war nicht einmal imstande zu *bemerken*, worin, theoretisch gesehen, der Kern des Problems besteht!

Es dürfte Kautsky nie gelingen, die fortschrittliche und revolutionäre Bedeutung der Idee der ausgleichenden Bodennutzung in der bürgerlich-demokratischen Umwälzung zu widerlegen. Weiter kann diese Umwälzung nicht gehen. Bis zu Ende durchgeführt, enthüllt sie vor den Massen *um so klarer,* um so *schneller* und *leichter* die *Unzulänglichkeit* der bürgerlich-demokratischen Lösungen, die Notwendigkeit, über ihre Rahmen hinaus zum *Sozialismus* überzugehen.

Nachdem die Bauernschaft den Zarismus und die Gutsbesitzer abgeschüttelt hat, träumt sie von der ausgleichenden Bodennutzung, und keine Macht hätte sich den sowohl von den Gutsbesitzern als auch von dem bürgerlich-parlamentarischen, republikanischen Staat befreiten Bauern in den Weg stellen können. Die Proletarier sagen den Bauern: Wir werden euch helfen, den »idealen« Kapitalismus zu erreichen, denn die ausgleichende Bodennutzung ist eine Idealisierung des Kapitalismus vom Standpunkt des Kleinproduzenten. Und gleichzeitig werden wir euch die Unzulänglichkeit dieser Maßnahme und die Notwendigkeit des Überganges zur gesellschaftlichen Bodenbearbeitung nachweisen.

Es wäre interessant gewesen zu sehen, wie Kautsky die Richtigkeit einer *solchen* Führung des bäuerlichen Kampfes seitens des Proletariats zu widerlegen versucht hätte!

Kautsky hat es vorgezogen, der Frage auszuweichen…

Weiter, Kautsky hat die deutschen Leser direkt betrogen, indem er vor ihnen verheimlichte, dass die Sowjetmacht *in dem Gesetz* über den Boden die Kommunen und Genossenschaften *direkt* bevorzugte und sie an die erste Stelle setzte.

Zusammen mit der Bauernschaft bis zur Vollendung der bürgerlich-demokratischen Revolution – zusammen mit dem armen, dem proletarischen und halbproletarischen Teil der Bauernschaft vorwärts zur sozialistischen Revolution! Das war die Politik der Bolschewiki, und das war die einzige marxistische Politik.

Kautsky jedoch wird konfus und ist außerstande, auch nur eine einzige Frage aufzuwerfen! Einerseits *wagt er nicht* zu sagen, dass die Proletarier in der Frage der ausgleichenden Bodennutzung mit den Bauern hätten auseinandergehen sollen, denn er fühlt die Unsinnigkeit eines solchen Auseinandergehens (zudem hat er ja im Jahre 1905, als er noch kein Renegat war, klar und deutlich das Bündnis zwischen den Arbeitern und Bauern als Bedingung für den Sieg der Revolution verfochten). Anderseits zitiert Kautsky zustimmend liberale Plattheiten des Menschewiken Maslow, der den *vom Standpunkt des Sozialismus* utopischen und reaktionären Charakter der kleinbürgerlichen Gleichheit »beweist« und den *vom Standpunkt der bürgerlich-demokratischen Revolution* fortschrittlichen und revolutionären Charakter des kleinbürgerlichen Kampfes für die Gleichheit, für die Ausgleichung der Bodennutzung mit Stillschweigen übergeht.

Bei Kautsky kommt ein heilloser Wirrwarr heraus. Wohlgemerkt: Kautsky *hält* (1918) *an dem bürgerlichen* Charakter der russischen Revolution fest. Kautsky fordert (1918): überschreitet diesen Rahmen nicht! Und derselbe Kautsky erblickt *»noch etwas vom* Sozialismus« (für die *bürgerliche* Revolution) in einer *kleinbürgerlichen* Reform, in der Verpachtung kleiner Bodenstücke an die *armen* Bauern (d.h. in der Annäherung an die Ausgleichung der Bodennutzung)!!

Das verstehe, wer kann!

Kautsky offenbart außerdem noch ein philisterhaftes Unvermögen, sich an die tatsächliche Politik einer bestimmten Partei zu halten. Er zitiert *Phrasen* des Menschewiken Maslow, *will aber nicht die tatsächliche* Politik der Menschewiki im Jahre 1917 sehen, als sie, in »Koalition« mit Gutsbesitzern und Kadetten, faktisch für eine *liberale*

Agrarreform und eine Verständigung mit den Gutsbesitzern eintraten. (Beweis: Die Verhaftung von Mitgliedern der Bodenkomitees und der Gesetzentwurf S. Maslows.)

Kautsky hat nicht bemerkt, dass die Phrasen P. Maslows über den reaktionären und utopischen Charakter der kleinbürgerlichen Gleichheit in Wirklichkeit die menschewistische Politik verschleiern, die an die Stelle des *revolutionären Sturzes* der Gutsbesitzer durch die Bauern die *Verständigung* zwischen Bauern und Gutsbesitzern (d.h. die Prellerei der Bauern durch die Gutsbesitzer) setzt.

Ein schöner »Marxist«, dieser Kautsky!

Gerade die Bolschewiki haben den Unterschied der bürgerlich-demokratischen von der sozialistischen Revolution streng berücksichtigt: dadurch, dass sie jene zu Ende führten, öffneten sie das Tor für den Übergang zu dieser. Das ist die einzig revolutionäre und einzig marxistische Politik.

Vergebens wiederholt Kautsky die saftlosen liberalen Witze: »*Noch nirgends und zu keiner Zeit sind Kleinbauern auf Grund theoretischer Überzeugungen zu kollektiver Produktion übergegangen.*« (S. 50.) Sehr geistreich!

Nirgends und zu keiner Zeit standen die Kleinbauern eines großen Landes unter dem Einfluss eines proletarischen Staates.

Nirgends und zu keiner Zeit gingen die Kleinbauern bis zum offenen Klassenkampf der armen Bauern gegen die reichen, bis zum Bürgerkrieg zwischen ihnen *unter Verhältnissen*, da die armen Bauern propagandistisch, politisch, wirtschaftlich und militärisch von der proletarischen Staatsmacht unterstützt werden.

Nirgends und zu keiner Zeit gab es eine solche Bereicherung der Spekulanten und Reichen durch den Krieg bei einer solchen Verelendung der Bauernmasse.

Kautsky wiederholt altes Zeug, drischt leeres Stroh und fürchtet sich, an die neuen Aufgaben der proletarischen Diktatur auch nur zu denken.

Was aber, verehrter Herr Kautsky, wenn es den Bauern an Geräten für den Kleinbetrieb *mangelt* und der proletarische Staat ihnen bei der Beschaffung von Maschinen- für die kollektive Bearbeitung des Bodens *hilft*, ist das »theoretische Überzeugung«?

Gehen wir zur Frage der Nationalisierung des Bodens über. Unsere Volkstümler, einschließlich aller linken Sozialrevolutionäre, leugnen, dass die bei uns durchgeführte Maßnahme eine Nationalisierung des Bodens ist. Sie sind theoretisch im Unrecht. Insoweit wir im Rahmen der Warenproduktion und des Kapitalismus verbleiben, ist die Aufhebung des Privateigentums an Grund und Boden die Nationalisierung des Bodens. Das Wort »Sozialisierung« drückt lediglich die Tendenz, den Wunsch, die Vorbereitung des Überganges zum Sozialismus aus.

Welche Stellung müssen nun die Marxisten zur Nationalisierung des Bodens einnehmen?

Kautsky versteht es auch hier nicht, die theoretische Frage auch nur zu stellen, oder – was noch schlimmer ist – er umgeht die Frage absichtlich, obgleich aus der russischen Literatur bekannt ist, dass Kautsky über die früheren Diskussionen unter den russischen Marxisten in der Frage der Nationalisierung des Bodens, der Munizipalisierung des Bodens (Übergabe der großen Güter an die örtlichen Selbstverwaltungen) und der Bodenaufteilung unterrichtet ist.

Es ist geradezu ein Hohn auf den Marxismus, wenn Kautsky behauptet, dass durch den Übergang der großen Güter an den Staat und ihre Verpachtung in kleinen Parzellen an landarme Bauern »etwas vom Sozialismus« verwirklicht worden wäre. Wir haben bereits gezeigt, dass es hier nichts von Sozialismus gibt. Aber nicht genug damit: hier gibt es auch nichts von einer bis zu Ende durchgeführten *bürgerlich-demokratischen* Revolution.

Kautsky hat das große Pech gehabt, sich den Menschewiki anzuvertrauen. Daraus entstand das Kuriosum, dass Kautsky, der den bürgerlichen Charakter unserer Revolution verteidigt und die Bolschewiki beschuldigt, sie hätten sich in den Kopf gesetzt, zum Sozialismus zu kommen, *selbst* eine liberale Reform für Sozialismus ausgibt, *ohne diese Reform* bis zur vollständigen Säuberung der Besitzverhältnisse in der Landwirtschaft von dem ganzen mittelalterlichen Wust *weiterzuführen*! Kautsky hat sich, gleich seinen menschewistischen Ratgebern, als Verteidiger der liberalen Bourgeoisie, die vor der Revolution Angst hat, und nicht als Verteidiger einer konsequenten bürgerlich-demokratischen Revolution erwiesen.

In der Tat. Weshalb sollen nur die großen Güter und nicht alle Ländereien in Staatseigentum übergehen? Die liberale Bourgeoisie erreicht dadurch die weitestgehende Erhaltung des Alten (d.h. die geringste Konsequenz in der Revolution) und die größte Erleichterung für eine Rückkehr zum Alten. Die radikale Bourgeoisie, d.h. jene, die die bürgerliche Revolution bis zu Ende durchführt, stellt die Losung der *Nationalisierung des Bodens* auf.

Kautsky, der in längst vergangenen Zeiten, vor nahezu zwanzig Jahren, eine vortreffliche marxistische Arbeit über die Agrarfrage geschrieben hat, muss den Hinweis von Marx kennen, dass die Nationalisierung des Bodens gerade eine *konsequente* Losung der *Bourgeoisie* ist. Kautsky muss die Polemik Marxens gegen Rodbertus und die glänzenden Erläuterungen von Marx in den »Theorien über den Mehrwert« kennen, wo auch die im bürgerlich-demokratischen

Sinne revolutionäre Bedeutung der Nationalisierung des Bodens besonders anschaulich nachgewiesen wird.

Der Menschewik P. Maslow, den sich Kautsky so unglücklich zum Ratgeber auserkoren hat, bestritt, dass die russischen Bauern auf die Nationalisierung des gesamten Bodens (einschließlich ihres eigenen) eingehen könnten. Bis zu einem gewissen Grade mochte diese Ansicht Maslows mit seiner »originellen« Theorie (die eine Wiederholung der bürgerlichen Marx-Kritiken darstellt) in Verbindung stehen, nämlich mit der Ablehnung der absoluten Rente und mit der Anerkennung des »Gesetzes« (oder der »Tatsache«, wie Maslow sich ausdrückte) vom »abnehmenden Bodenertrag.«

In Wirklichkeit stellte sich schon in der Revolution von 1905 heraus, dass die ungeheure Mehrheit der russischen Bauern, sowohl der Bauern der Dorfgemeinde als auch der Einzelhofbesitzer, für die Nationalisierung des gesamten Bodens eintritt. Die Revolution von 1917 hat das bestätigt und nach dem Übergang der Macht an das Proletariat auch verwirklicht. Die Bolschewiki sind dem Marxismus treu geblieben und haben nicht den Versuch gemacht, die bürgerlich-demokratische Revolution zu »überspringen« (entgegen den Behauptungen Kautskys, der uns, ohne den Schatten eines Beweises, dessen beschuldigt). Die Bolschewiki haben vor allem den radikalsten, den revolutionärsten, dem Proletariat am nächsten stehenden bürgerlich-demokratischen Ideologen der Bauernschaft, nämlich den linken Sozialrevolutionären geholfen, das durchzuführen, was faktisch die Nationalisierung des Bodens war. Das Privateigentum an Grund und Boden ist in Russland seit dem 8. November (26. Oktober) 1917, d.h. seit dem ersten Tage der proletarischen, sozialistischen Revolution, abgeschafft.

Damit ist das vom Standpunkt der Entwicklung des Kapitalismus vollkommenste Fundament (was Kautsky nicht bestreiten kann, ohne mit Marx zu brechen) und gleichzeitig auch das im Sinne des Übergangs zum Sozialismus *geschmeidigste* Agrarsystem geschaffen worden. Vom bürgerlich-demokratischen Standpunkt aus gesehen, kann die revolutionäre Bauernschaft in Russland *nicht weiter gehen*: etwas von diesem Standpunkt »Idealeres«, etwas »Radikaleres« (von dem gleichen Standpunkt aus) als die Nationalisierung des Bodens und die Gleichheit der Bodennutzung *kann es nicht geben*. Gerade die Bolschewiki, nur die Bolschewiki, haben den Bauern lediglich infolge des Sieges der *proletarischen* Revolution dazu verholfen, die bürgerlich-demokratische Revolution wirklich zu Ende zu führen. Und nur dadurch haben sie ein Maximum geleistet für die Erleichterung und Beschleunigung des Überganges zur sozialistischen Revolution.

Danach kann man sich ein Bild machen von dem unglaublichen Wirrwarr, den Kautsky dem Leser vorsetzt, Kautsky, der die Bolschewiki beschuldigt, sie hätten den bürgerlichen Charakter der Revolution nicht begriffen, und der selbst eine solche Abkehr vom Marxismus offenbart, dass er die Nationalisierung des Bodens *mit Stillschweigen übergeht* und eine (vom bürgerlichen Standpunkt) am wenigsten revolutionäre liberale Agrarreform als »etwas vom Sozialismus« hinstellt!

Hier kommen wir zu der dritten der oben aufgeworfenen Fragen, zu der Frage, inwieweit die proletarische Diktatur in Russland der Notwendigkeit des Überganges zur gesellschaftlichen Bodenbearbeitung Rechnung getragen hat. Kautsky begeht hier wiederum etwas, das einer Fälschung sehr ähnlich ist: er zitiert nur die »Thesen« eines Bolschewiken, in denen von der Aufgabe des Überganges zur kollektiven Bodenbearbeitung die Rede ist! Nach der Zitierung einer dieser Thesen verkündet unser »Theoretiker« siegesbewusst:

> *»Damit, dass man etwas für eine Aufgabe erklärt, ist sie leider noch nicht gelöst. Die kollektive Landwirtschaft ist in Russland einstweilen noch dazu verurteilt, auf dem Papier zu bleiben. Noch nirgends und zu keiner Zeit sind Kleinbauern auf Grund theoretischer Überzeugungen zu kollektiver Produktion übergegangen.«* (S. 50.)

Noch nirgends und zu keiner Zeit hat es eine solche literarische Gaunerei gegeben wie die, zu der Kautsky hinab gesunken ist. Er zitiert »Thesen« und verschweigt das Gesetz der Sowjetmacht. Er spricht von »theoretischer Überzeugung« und verschweigt, dass es eine proletarische Staatsmacht gibt, die sowohl die Betriebe als auch die Waren in ihren Händen hat! Alles, was der Marxist Kautsky im Jahre 1899 in der »Agrarfrage« über die Mittel geschrieben hat, die der proletarische Staat für die allmähliche Überführung der Kleinbauern in den Sozialismus in der Hand hat, ist von dem Renegaten Kautsky im Jahre 1918 vergessen.

Gewiss, einige hundert vom Staat unterstützte landwirtschaftliche Kommunen und Sowjetwirtschaften (d.h. von Arbeitergenossenschaften auf Staatsrechnung bearbeitete Großwirtschaften) ist noch sehr wenig. Kann man aber die Umgehung dieser Tatsache durch Kautsky etwa eine »Kritik« nennen?

Die in Russland von der proletarischen Diktatur durchgeführte Nationalisierung des Bodens gewährleistet am besten die vollständige Durchführung der bürgerlich-demokratischen Revolution – sogar für den Fall, dass der Sieg der Konterrevolution von der Nationalisierung zurück zur

Aufteilung führen sollte (diesen Fall habe ich in der Broschüre über das Agrarprogramm der Marxisten in der Revolution von 1905 besonders analysiert). Außerdem aber hat die Nationalisierung des Bodens dem proletarischen Staat die größten Möglichkeiten gegeben, zum Sozialismus in der Landwirtschaft überzugehen.

Das Fazit: Kautsky hat uns in der Theorie einen unglaublichen Brei sowie den völligen Verzicht auf den Marxismus, und in der Praxis Lakaientum gegenüber der Bourgeoisie und ihrem Reformismus vorgesetzt. Da ist nichts zu sagen: eine nette Kritik!

* * *

Die »ökonomische Analyse« der Industrie beginnt bei Kautsky mit der folgenden famosen Erörterung:

In Russland gibt es eine kapitalistische Großindustrie. Sollte sich auf dieser Grundlage nicht die sozialistische Produktionsweise aufrichten lassen? *»Man könnte so meinen, wenn der Sozialismus darin bestände, dass die Arbeiter einzelner Fabriken und Bergwerke diese sich aneigneten, um jede von ihnen besonders zu bewirtschaften.«* (S. 52.) *»Eben, wie ich das schreibe, am 5. August«*, fügt Kautsky hinzu, *»wird aus Moskau eine Rede Lenins vom 2. August mitgeteilt, in der er gesagt haben soll: ›Die Arbeiter halten die Fabriken fest in ihren Händen, und die Bauern werden das Land den Gutsbesitzern nicht zurückgeben.‹ Die Parole: ‚Die Fabrik den Arbeitern, der Boden den Bauern', war bisher nicht eine sozialdemokratische, sondern eine anarchistisch-syndikalistische Forderung.«* (S. 52-53.)

Wir haben diese Betrachtung ungekürzt wiedergegeben, damit die russischen Arbeiter, die früher Kautsky geachtet, und mit Recht geachtet haben, selbst die Methoden des Überläufers zur Bourgeoisie kennenlernen.

Man denke nur: am 5. August, als schon eine Menge von Dekreten über die Nationalisierung der Fabriken in Russland vorlag, wobei die Arbeiter sich keine einzige Fabrik »angeeignet« haben, sondern *alle* Fabriken in das Eigentum der Republik übergingen, am 5. August schärft Kautsky den deutschen Lesern auf Grund einer offensichtlich betrügerischen Auslegung eines Satzes aus einer meiner Reden ein, in Russland würden die Fabriken den einzelnen Arbeitern übergeben! Und dann wiederkäut er in Dutzenden und aber Dutzenden von Zeilen das alte Zeug, dass die Fabriken nicht einzeln an die Arbeiter übergeben werden dürfen!

Das ist keine Kritik, sondern die Methode eines Lakaien der Bourgeoisie, der von den Kapitalisten in Sold genommen ist, um die Arbeiterrevolution zu verleumden.

Die Fabriken müssen an den Staat, die Gemeinde oder die Konsumgenossenschaften übergeben werden – wiederholt Kautsky immer und immer wieder und fügt zum Schluss hinzu:

»Diesen Weg hat man ja auch versucht, jetzt in Russland zu gehen.« … Jetzt!! Was soll das denn heißen? Im August? Wie denn, konnte Kautsky nicht bei seinen Stein, Axelrod oder seinen anderen Freunden der russischen Bourgeoisie die Übersetzung wenigstens eines Dekrets über die Fabriken bestellen?

> *»… Wie weit man dabei kommt, ist noch nicht abzusehen. Diese Seite der Sowjetrepublik ist jedenfalls von höchstem Interesse für uns, doch schwebt sie leider noch völlig im Dunkeln. An Dekreten fehlt es freilich nicht«* (darum ignoriert Kautsky ihren Inhalt oder verschweigt ihn seinen Lesern), *»wohl aber an zuverlässigen Nachrichten über das Wirken der Dekrete. Eine sozialistische Produktion ist unmöglich ohne eine*

umfassende, detaillierte, zuverlässige und rasch informierende Statistik. Zu einer solchen hat aber bisher die Sowjetrepublik noch nicht kommen können. Was wir über ihr ökonomisches Wirken erfahren, ist höchst widerspruchsvoll und entzieht sich jeder Nachprüfung. Auch das ist eine der Wirkungen der Diktatur und der Unterdrückung der Demokratie. Da die Freiheit der Presse und des Wortes fehlt…« (S. 53.)

So wird Geschichte geschrieben! Aus der »freien« Presse der Kapitalisten und der Dutow-Leute hätte Kautsky Nachrichten über die an die Arbeiter übergehenden Fabriken erhalten können… Wahrlich, er ist prächtig, dieser über den Klassen stehende »ernste Gelehrte«! Auch nicht eine einzige von den unendlich vielen Tatsachen, die bezeugen, dass die Fabriken *nur* der Republik übergeben werden, dass über die Fabriken ein Organ der Sowjetmacht, der Oberste Volkswirtschaftsrat, verfügt, das überwiegend aus von den Gewerkschaften gewählten Arbeitern gebildet ist, – nicht eine einzige dieser Tatsachen will Kautsky auch nur zur Sprache bringen. Hartnäckig, mit dem Starrsinn des »Mannes im Futteral«, wiederholt Kautsky immer wieder das eine: gebt mir friedliche Demokratie ohne Bürgerkrieg, ohne Diktatur, nebst guter Statistik. (Die Sowjetrepublik hat ein Statistisches Amt geschaffen und alle besten statistischen Kräfte Russlands herangezogen, aber selbstverständlich kann man eine ideale Statistik nicht so bald bekommen.) Mit einem Wort: eine Revolution ohne Revolution, ohne rasenden Kampf, ohne Gewalt – das ist es, was Kautsky fordert. Das ist dasselbe, als wenn man Streiks ohne stürmische Leidenschaftlichkeit der Arbeiter und Unternehmer fordern würde. Man unterscheide doch einmal solchen »Sozialisten« von einem liberalen Dutzendbeamten!

Und gestützt auf solches »Tatsachenmaterial«, d.h. mit *voller* Verachtung absichtlich den zahlreichen Tatsachen ausweichend, zieht Kautsky den »Schluss«:

> *»Es ist fraglich, ob das russische Proletariat an wirklichen praktischen Errungenschaften, nicht an Dekreten, in der Sowjetrepublik mehr erlangt hat, als es durch die Konstituante erlangt hätte, in der ebenfalls wie in den Sowjets Sozialisten, wenn auch anderer Färbung, überwogen.«* (S. 58.)

Eine Perle, nicht wahr? Wir raten den Verehrern Kautskys, diesen Ausspruch möglichst weit unter den russischen Arbeitern zu verbreiten, denn besseres Material zur Einschätzung seines politischen Niederganges hätte Kautsky nicht liefern können. Auch Kerenski war »Sozialist«, Genossen Arbeiter, nur »anderer Färbung«! Der Historiker Kautsky begnügt sich mit dem Namen, dem Ruf, den sich die rechten Sozialrevolutionäre und die Menschewiki »angeeignet« haben. Von den Tatsachen, die davon sprechen, dass die Menschewiki und die rechten Sozialrevolutionäre unter Kerenski die imperialistische Politik und die Räubereien der Bourgeoisie unterstützt haben, will der Historiker Kautsky nicht einmal hören; dass die Konstituante gerade diesen Helden des imperialistischen Krieges und der bürgerlichen Diktatur die Mehrheit gebracht hatte, darüber schweigt er bescheiden. Und das nennt sich »ökonomische Analyse«!...

Zum Schluss noch ein Musterbeispiel »ökonomischer Analyse«:

> *»In der Tat sehen wir, dass die Sowjetrepublik nach neun Monaten des Bestehens, statt allgemeinen Wohlstand zu verbreiten, sich gezwungen fühlte zu erklären, woher der allgemeine Notstand herrühre.«* (S. 41.)

Die Kadetten haben uns an solche Äußerungen gewöhnt. Alle Lakaien der Bourgeoisie urteilen so in Russland: her mit dem allgemeinen Wohlstand nach Verlauf von neun Monaten – nach dem vierjährigen verheerenden Kriege, bei der allseitigen Unterstützung der Sabotage und der Aufstände der Bourgeoisie in Russland durch das ausländische Kapital. *In der Sache* ist absolut kein Unterschied, nicht die Spur eines Unterschiedes zwischen Kautsky und einem konterrevolutionären Bourgeois geblieben. Die süßlichen Reden, die »auf Sozialismus« gefälscht sind, wiederholen dasselbe, was die Kornilow-, Dutow- und Krasnow-Leute in Russland grob, ohne Umschweife, unverblümt sagen.

* * *

Die vorhergehenden Zeilen waren am 9. November 1918 niedergeschrieben. In der Nacht vom 9. zum 10. trafen aus Deutschland Nachrichten ein über den Beginn der siegreichen Revolution zuerst in Kiel und anderen nördlichen Städten und Hafenstädten, wo die Macht in die Hände der Arbeiter- und Soldatenräte übergegangen ist, dann auch in Berlin, wo ebenfalls der Rat die Macht übernommen hat.

Der Schluss, der mir noch zu der Broschüre über Kautsky und die proletarische Revolution zu schreiben übrigblieb, wird dadurch überflüssig.

Beilage I: Thesen über die Konstituante

1. Die Forderung der Einberufung der Konstituante gehörte ganz mit Recht zum Programm der revolutionären Sozialdemokratie, weil in der bürgerlichen Republik die Konstituante die höchste Form der Demokratie ist und weil die imperialistische Republik mit Kerenski an der Spitze bei der Schaffung des Parlaments die Fälschung der Wahlen durch eine Reihe von Verletzungen der Demokratie vorbereitete.

2. Die revolutionäre Sozialdemokratie, die die Forderung der Einberufung der Konstituante aufstellte, betonte seit Beginn der Revolution von 1917 wiederholt, dass die Räterepublik eine höhere Form der Demokratie ist als die gewöhnliche bürgerliche Republik mit einer Konstituante.

3. Für den Übergang von der bürgerlichen zur sozialistischen Ordnung, für die Diktatur des Proletariats ist die Republik der Arbeiter-, Soldaten- und Bauernräte nicht nur eine höhere Form der demokratischen Einrichtungen (im Vergleich mit der gewöhnlichen bürgerlichen Republik und der Konstituante als ihrer Krönung), sondern auch die einzige Form, die imstande ist, einen möglichst schmerzlosen Übergang zum Sozialismus zu sichern.

4. Die Einberufung der Konstituante in unserer Revolution, auf Grund von Listen, die Mitte Oktober 1917 eingereicht worden sind, geht unter Verhältnissen vor sich, die

es unmöglich machen, dass der Wille des Volkes im Allgemeinen und der werktätigen Massen im Besonderen bei den Wahlen zu dieser Konstituante richtig zum Ausdruck kommt.

5. Erstens bringt das Proportionalwahlsystem nur dann den wirklichen Willen des Volkes zum Ausdruck, wenn die Wahllisten der Parteien wirklich der Gliederung des Volkes in jene Parteigruppierungen entsprechen, die sich in diesen Listen widerspiegeln. Bei uns dagegen hat bekanntlich die Partei, die von Mai bis Oktober die größte Zahl der Anhänger im Volke und insbesondere unter der Bauernschaft hatte, die Partei der Sozialrevolutionäre, Mitte Oktober 1917, einheitliche Kandidatenlisten für die Konstituante aufgestellt, hat sich jedoch nach den Wahlen zur Konstituante, vor ihrer Einberufung, gespalten.

Infolgedessen besteht nicht einmal eine formale Übereinstimmung zwischen dem Willen der Wähler in ihrer Masse und der Zusammensetzung der Abgeordneten der Konstituante, und kann auch nicht bestehen.

6. Zweitens, eine noch wichtigere, keine formale, keine juristische, sondern eine gesellschaftlich-ökonomische Klassenursache des Missverhältnisses zwischen dem Willen des Volkes und besonders der werktätigen Klassen und der Zusammensetzung der Konstituante ist der Umstand, dass die Wahlen zur Konstituante vor sich gingen, als die erdrückende Mehrheit des Volkes noch nicht den ganzen Umfang und die Bedeutung der Oktoberrevolution, der Sowjetrevolution, der proletarisch-bäuerlichen Revolution erkennen konnte, die am 7. November (25. Oktober) 1917, d.h. nach der Einreichung der Kandidatenlisten zur Konstituante, begonnen hat.

7. Die Oktoberrevolution, die die Macht für die Räte eroberte, die politische Herrschaft den Händen der Bour-

geoisie entriss und sie dem Proletariat und der armen Bauernschaft übergab, macht vor unseren Augen die aufeinanderfolgenden Etappen ihrer Entwicklung durch.

8. Sie begann mit dem Siege vom 6.-7. November (24.-25. Oktober) in der Hauptstadt, als der Zweite Allrussische Kongress der Arbeiter- und Soldatenräte, dieser Avantgarde der Proletarier und des politisch regsten Teils der Bauernschaft, die Mehrheit den Bolschewiki brachte und sie an die Macht stellte.

9. Die Revolution erfasste dann im Laufe des November und Dezember die gesamte Masse der Armee und der Bauernschaft und kam vor allem zum Ausdruck in der Absetzung und in der Neuwahl der alten Spitzenorganisationen (Armeekomitees, Gouvernements-, Bauernkomitees, des Zentralexekutivkomitees, des Allrussischen Bauernrats usw.), die die überholte, kompromisslerische Etappe der Revolution, ihre bürgerliche und nicht ihre proletarische Etappe vertraten, und deshalb unvermeidlich unter dem Ansturm breiterer, größerer Volksmassen von der Bühne abtreten mussten.

10. Diese machtvolle Bewegung der ausgebeuteten Massen zur Umbildung der leitenden Körperschaften ihrer Organisationen ist auch jetzt, Mitte Dezember 1917, noch nicht abgeschlossen, und der noch nicht beendete Eisenbahnerkongress ist eine der Etappen dieser Bewegung.

11. Die Gruppierung der Klassenkräfte Russlands in ihrem Klassenkampfe gestaltet sich also in Wirklichkeit im November und Dezember 1917 prinzipiell anders als diejenige, die in den Kandidatenlisten der Parteien zur Konstituante um die Mitte Oktober 1917 ihren Ausdruck finden konnte.

12. Die letzten Ereignisse in der Ukraine (teilweise auch in Finnland, in Weißrussland und im Kaukasus) zeigen

ebenfalls, wie im Laufe des Kampfes zwischen dem bürgerlichen Nationalismus der Ukrainischen Rada, des Finnländischen Sejms usw. einerseits und der Sowjetmacht, der proletarisch-bäuerlichen Revolution einer jeden dieser nationalen Republiken andererseits sich eine neue Gruppierung der Klassenkräfte herausbildet.

13. Schließlich hat der Bürgerkrieg, der mit dem konterrevolutionären Aufstand der Kadetten, Kaledinanhänger gegen die Sowjetmacht, gegen die Arbeiter- und Bauernregierung begann, den Klassenkampf endgültig verschärft und jede Möglichkeit beseitigt, auf formal-demokratischem Wege die brennendsten Fragen zu entscheiden, die die Geschichte den Völkern Russlands und in erster Linie der Arbeiterklasse und der Bauernschaft gestellt hat.

14. Nur der völlige Sieg der Arbeiter und Bauern über den Aufstand der Bourgeoisie und der Gutsbesitzer (der in der Bewegung der Kadetten und Kaledinanhänger seinen Ausdruck gefunden hat), nur die rücksichtslose militärische Unterdrückung dieses Aufstandes der Sklavenhalter ist imstande, die proletarisch-bäuerliche Revolution wirklich zu sichern. Der Gang der Ereignisse und die Entwicklung des Klassenkampfes in der Revolution haben dazu geführt, dass die Losung »Alle Macht der Konstituante«, die die Errungenschaften der Arbeiter- und Bauernrevolution, die Rätemacht, den Beschluss des Zweiten Allrussischen Kongresses der Arbeiter- und Soldatenräte, des Zweiten Allrussischen Kongresses der Bauernräte usw. außer acht lässt, in Wirklichkeit zu einer Losung der Kadetten und Kaledinleute und ihrer Helfershelfer geworden ist. Es wird dem ganzen Volke klar, dass diese Losung faktisch den Kampf zur Beseitigung der Sowjetmacht bedeutet und dass die Konstituante, wenn sie in einen Gegensatz zur Sowjetmacht geriete, unvermeidlich zum politischen Tod verurteilt wäre.

15. Zu den besonders akuten Fragen des Volkslebens gehört die Friedensfrage. Ein wirklich revolutionärer Kampf für den Frieden in Russland begann erst nach dem Sieg der Revolution vom 7. November (25. Oktober), und die ersten Früchte dieses Sieges waren die Veröffentlichung der Geheimverträge, der Abschluss des Waffenstillstands und die Aufnahme von öffentlichen Verhandlungen über einen allgemeinen Frieden ohne Annexionen und Kontributionen.

Die breiten Volksmassen erhalten erst jetzt tatsächlich die volle Möglichkeit, offen die Politik des revolutionären Kampfes für den Frieden zu verfolgen und ihre Ergebnisse zu studieren.

Während der Wahlen zur Konstituante hatten die Volksmassen diese Möglichkeit nicht.

Es ist klar, dass auch in dieser Hinsicht ein Missverhältnis zwischen der Zusammensetzung der Abgeordneten der Konstituante und dem wirklichen Volkswillen in der Frage der Beendigung des Krieges unvermeidlich ist.

16. Aus der Gesamtheit der oben dargelegten Umstände ergibt sich, dass eine Konstituante, die auf Grund der Kandidatenlisten der Parteien einberufen wird, die vor der proletarisch-bäuerlichen Revolution bestanden, als die Bourgeoisie noch herrschte, unvermeidlich in Kollision gerät mit dem Willen und den Interessen der werktätigen und ausgebeuteten Klassen, die am 7. November (25. Oktober) die sozialistische Revolution gegen die Bourgeoisie begonnen haben. Natürlich stehen die Interessen dieser Revolution höher als die formalen Rechte der Konstituante, selbst wenn diese formalen Rechte nicht dadurch untergraben worden wären, dass in dem Gesetz über die Konstituante das Recht des Volkes auf Neuwahlen seiner Abgeordneten zu jeder beliebigen Zeit nicht anerkannt wird.

17. Jeder direkte oder indirekte Versuch, die Frage der Konstituante von einem formal-juristischen Standpunkt im Rahmen der gewöhnlichen bürgerlichen Demokratie zu betrachten, ohne Berücksichtigung des Klassenkampfes und des Bürgerkrieges, ist ein Verrat an der Sache des Proletariats und ein Übergang zum Standpunkt der Bourgeoisie. Es ist die unbedingte Pflicht der revolutionären Sozialdemokratie, alle vor diesem Fehler zu warnen, in den einige Mitglieder der Spitzenorganisationen des Bolschewismus verfallen sind, die den Oktoberaufstand und die Aufgaben der Diktatur des Proletariats nicht richtig einzuschätzen vermochten.

18. Die einzige Chance auf eine schmerzlose Lösung der Krise, die infolge des Missverhältnisses zwischen den Wahlen zur Konstituante und dem Willen des Volkes sowie den Interessen der werktätigen und ausgebeuteten Klassen entstanden ist, ist eine möglichst breite und rasche Verwirklichung des Rechtes der Vornahme von Neuwahlen der Abgeordneten zur Konstituante durch das Volk, die Bestätigung des Gesetzes des Zentralexekutivkomitees über diese Neuwahlen durch die Konstituante selbst und eine vorbehaltlose Erklärung der Konstituante über die Anerkennung der Sowjetmacht, der Sowjetrevolution, ihrer Politik in der Friedensfrage, der Landfrage, der Frage der Arbeiterkontrolle, und der entschiedene Anschluss der Konstituante an das Lager der Gegner der Konterrevolution, der Kadetten und Kaledinleute.

19. Ohne diese Bedingungen kann die im Zusammenhang mit der Konstituante entstandene Krise nur auf revolutionärem Wege, nur durch möglichst energische, rasche, feste und entschiedene revolutionäre Maßnahmen der Sowjetmacht gegen die Konterrevolution der Kadetten und Kaledinleute gelöst werden, ganz gleich hinter welchen Lo-

sungen und Institutionen (auch wenn es die Zugehörigkeit zur Konstituante wäre) sich diese Konterrevolution verstecken mag. Jeder Versuch, der Sowjetmacht die Hände in diesem Kampfe zu binden, wäre eine Unterstützung der Konterrevolution.

Beilage II: Ein neues Buch von Vandervelde über den Staat

Erst nach der Lektüre des Buches von Kautsky hatte ich Gelegenheit, mich mit dem Buche von Vandervelde; »Le socialisme contre l'Etat« (Der Sozialismus gegen den Staat) (Paris 1918) bekannt zu machen. Eine Gegenüberstellung beider Bücher drängt sich unwillkürlich auf. Kautsky ist der geistige Führer der Zweiten Internationale (1889-1914), Vandervelde als Vorsitzender des Internationalen Sozialistischen Büros ist formell ihr Repräsentant. Beide repräsentieren den vollen Bankrott der II. Internationale, beide bemänteln »geschickt« mit der ganzen Gewandtheit gewiegter Journalisten durch marxistische Redensarten diesen Bankrott, ihren eigenen Zusammenbruch und ihren Übergang auf die Seite der Bourgeoisie. Der eine zeigt uns besonders anschaulich das Typische im deutschen Opportunismus, dem gewichtigen, theoretisierenden, der den Marxismus grob fälscht, indem er ihm alles amputiert, was für die Bourgeoisie unannehmbar ist. Der andere ist typisch für die romanische – gewissermaßen könnte man sagen für die westeuropäische (in dem Sinne: westlich von Deutschland anzutreffende) – Spielart des herrschenden Opportunismus, den geschmeidigeren, weniger schwerfälligen, der den Marxismus vermittels derselben grundlegenden Methode eleganter fälscht.

Beide verzerren von Grund aus sowohl die Lehre von Marx über den Staat als auch seine Lehre von der Diktatur des Proletariats, wobei Vandervelde mehr auf die erste, Kautsky jedoch auf die zweite Frage eingeht. Beide vertuschen den engsten, untrennbaren Zusammenhang der einen Frage mit der anderen. Beide sind in Worten Revolutionäre und Marxisten, in der Tat jedoch Renegaten, die alle Anstrengungen darauf richten, über die Revolution *hinwegzureden*. Bei beiden findet sich auch nicht eine Spur dessen, was alle Werke von Marx und Engels vollständig durchdringt, was den Sozialismus in der Tat von der bürgerlichen Karikatur auf ihn unterscheidet, nämlich: die Klärung der Aufgaben der Revolution zum Unterschied von den Aufgaben der Reform, die Klärung der revolutionären Taktik *zum Unterschied* von der reformistischen, die Klärung der Rolle des Proletariats bei der *Zerstörung* des Systems oder der Ordnung, des Regimes der Lohnsklaverei, zum Unterschied von der Rolle des Proletariats der »Groß«mächte, das mit der Bourgeoisie ein Teilchen ihrer imperialistischen Extraprofite und Extrabeute teilt.

Wir wollen zur Bestätigung einer solchen Einschätzung einige der wesentlichsten Betrachtungen Vanderveldes anführen.

Vandervelde zitiert, ähnlich wie Kautsky, außerordentlich eifrig Marx und Engels. Und er zitiert, ähnlich wie Kautsky, alles, was man will, *außer* dem, was für die Bourgeoisie absolut unannehmbar ist, was den Revolutionär von dem Reformisten unterscheidet. Über die Eroberung der politischen Macht durch das Proletariat – soviel man möchte, denn das ist durch die Praxis schon in einen ausschließlich parlamentarischen Rahmen gebracht worden.

Darüber, dass Marx und Engels nach den Erfahrungen der Kommune es für notwendig hielten, das teilweise veraltete »Kommunistische Manifest« zu ergänzen durch die Erläuterung der Wahrheit, dass die Arbeiterklasse nicht einfach von der fertigen Staatsmaschine Besitz ergreifen kann, dass sie diese Maschine *zerschlagen* muss, - davon findet sich *nicht ein Sterbenswörtchen*! Vandervelde wie auch Kautsky übergehen – als ob sie es miteinander verabredet hätten – mit völligem Stillschweigen gerade das Wesentlichste aus den *Erfahrungen* der proletarischen Revolution, gerade das, was die Revolution des Proletariats von der Reform der Bourgeoisie unterscheidet.

Ebenso wie Kautsky spricht Vandervelde von der Diktatur des Proletariats, um, mit Redereien über sie hinwegzukommen. Kautsky machte das durch plumpe Fälschungen. Vandervelde verwirklicht dasselbe etwas raffinierter. In dem entsprechenden Paragraphen, dem Paragraph 4 über die »Eroberung der politischen Macht durch das Proletariat«, widmet er den Absatz „b« der Frage über »die kollektive Diktatur des Proletariats«, »zitiert« er Marx und Engels (wie gesagt, indem er gerade das weglässt, was sich auf das Hauptsächlichste, auf die *Zerschlagung* der alten, bürgerlich-demokratischen Staatsmaschine bezieht) und zieht die Schlussfolgerung:

> »... *In sozialistischen Kreisen stellt man sich gewöhnlich die soziale Revolution so vor: Eine neue Kommune, die dieses Mal siegreich ist, und nicht nur an einer Stelle, sondern in den Hauptzentren der kapitalistischen Welt.*
>
> *Eine Hypothese, aber eine Hypothese, die nichts Unwahrscheinliches an sich hat in einer Zeit, da es schon offensichtlich wird, dass die Nachkriegsperiode in vielen Ländern unerhörte Antagonismen der Klassen und soziale Konvulsionen sehen wird.*

Wenn der Misserfolg der Pariser Kommune – nicht zu reden von den Schwierigkeiten der russischen Revolution – auch nur irgend etwas beweist, so gerade die Unmöglichkeit, mit der kapitalistischen Gesellschaftsordnung Schluss zu machen, bevor das Proletariat genügend vorbereitet ist, die Macht auszunutzen, die durch die Umstände in seine Hände fallen könnte.« (S. 73.)

Und absolut nichts weiter über den Kern der Sache!

Das sind sie, die Führer und Repräsentanten der II. Internationale. Im Jahre 1912 unterschreiben sie das Baseler Manifest, in dem ausdrücklich über den Zusammenhang eben des Krieges, der 1914 ausbrach, mit der proletarischen Revolution gesprochen wird, *drohen* geradezu mit der Revolution. Als aber der Krieg kam und eine revolutionäre Situation sich herausbildete, beginnen sie, diese Kautsky und Vandervelde, die Revolution mit Redensarten abzutun. Man beachte bitte: eine Revolution nach dem Typus der Kommune sei lediglich eine nicht unwahrscheinliche Hypothese! Das ist völlig analog den Darlegungen Kautskys über die mögliche Rolle der Sowjets in Europa.

Aber so urteilt doch jeder gebildete *Liberale*, der ohne Zweifel jetzt damit einverstanden sein wird, dass eine neue Kommune *»nicht unwahrscheinlich«* sei, dass den Sowjets eine große Rolle bevorstehe usw. Der proletarische Revolutionär unterscheidet sich vom Liberalen dadurch, dass er als Theoretiker eben die neue *staatliche* Bedeutung der Kommune und der Sowjets analysiert. Vandervelde *verschweigt* alles, was Marx und Engels in ihrer Analyse der Erfahrungen der Kommune ausführlich über dieses Thema darlegen.

Als Praktiker, als Politiker, müsste der Marxist klarstellen, dass nur Verräter am Sozialismus sich jetzt der Aufgabe entziehen könnten, die Notwendigkeit der proletarischen Revolution (vom Typus der Kommune, der Sowjets oder, nehmen wir an, von irgendeinem dritten Typus) zu erklären, die Notwendigkeit ihrer Vorbereitung zu erläutern, die Revolution unter den Massen zu propagieren, die kleinbürgerlichen Vorurteile gegen die Revolution zu widerlegen usw.

Weder Kautsky noch Vandervelde tun etwas dergleichen, eben weil sie selbst Verräter am Sozialismus sind, die unter den Arbeitern den guten Ruf als Sozialisten, als Marxisten bewahren möchten.

Man nehme die theoretische Fragestellung.

Der Staat ist auch in der demokratischen Republik nichts anderes als eine Maschine zur Unterdrückung der einen Klasse durch die andere. Kautsky kennt, anerkennt und teilt diese Wahrheit – aber... aber er umgeht die grundlegendste Frage, welche Klasse denn, warum und mit welchen Mitteln, vom Proletariat unterdrückt werden soll, wenn es den proletarischen Staat erkämpft haben wird.

Vandervelde kennt, anerkennt, teilt, zitiert diesen Grundsatz des Marxismus (Seite 72 seines Buches) aber... kein Sterbenswort über das (für die Herren Kapitalisten) »unangenehme« Thema betreffs *der Unterdrückung des Widerstandes der Ausbeuter*!!

Vandervelde wie auch Kautsky sind diesem »unangenehmen« Thema vollständig ausgewichen. Und darin besteht auch ihr Renegatentum

Vandervelde ist ebenso wie Kautsky ein großer Meister in Sachen der Ersetzung der Dialektik durch den Eklektizismus. Einerseits ist es unmöglich nicht zu bekennen, andrerseits muss man anerkennen. Einerseits kann man unter Staat »die Gemeinschaft der Nation« verstehen (siehe das Wörterbuch von Littre – eine gelehrte Arbeit, was soll man da sagen – Seite 87 bei Vandervelde) , andrerseits kann man unter Staat die »Regierung« verstehen (ebenda). Diese gelehrte Banalität, die Vandervelde gutheißt, schreibt er *in eine Reihe* mit Zitaten aus Marx hin.

> »*Der marxistische Sinn des Wortes ‚Staat' unterscheidet sich von dem gewöhnlichen Sinn*«, schreibt Vandervelde. »*Es sind infolgedessen ›Missverständnisse‹ möglich. Der ›Staat‹ ist bei Marx und Engels nicht der Staat im weiten Sinn, nicht der Staat als Organ der Führung, als Repräsentant der allgemeinen Interessen der Gesellschaft (intérêts généraux de la société). Er ist die Staatsmacht, der Staat ist das Organ der Autorität, der Staat ist das Werkzeug der Herrschaft einer Klasse über eine andere.*« (S. 75/76 bei Vandervelde.)
>
> Über die Vernichtung des Staates sprechen Marx und Engels lediglich in diesem zweiten Sinne… »*Allzu absolute Behauptungen würden Gefahr laufen, sich als ungenau zu erweisen. Zwischen dem Staat der Kapitalisten, der auf die ausschließliche Herrschaft einer Klasse gegründet ist, und dem Staat des Proletariats, der das Ziel verfolgt, die Klassen aufzuheben, gibt es viele Übergangsstufen.*« (S. 156.)

Da hat man die »Manier« Vanderveldes, die sich nur ein ganz klein wenig von der Manier Kautskys unterscheidet, im Wesen jedoch mit ihr identisch ist. Die Dialektik, die den Wechsel der Gegensätze und die Bedeutung der Krisen in der Geschichte klarstellt, verneint absolute Wahrheiten. Der Eklektiker will keine »allzu absolute« Behauptungen, um seinen kleinbürgerlichen, philisterhaften Wunsch, durch »*Übergangsstufen*« die Revolution zu ersetzen, anbringen zu können.

Darüber, dass die Übergangsstufe zwischen dem Staat als Organ der Herrschaft der Kapitalistenklasse und dem Staat als Herrschaftsorgan des Proletariats eben die *Re-*

volution ist, die im *Sturz* der Bourgeoisie und im *Zerbrechen*, im Zerschlagen *ihrer* Staatsmaschine besteht, darüber schweigen die Kautsky und Vandervelde.

Dass die Diktatur der Bourgeoisie abgelöst werden muss von der Diktatur *einer* Klasse, des Proletariats, dass auf die »Übergangsstufen« der *Revolution* die »Übergangsstufen« des allmählichen Absterbens des proletarischen Staates folgen, das vertuschen die Kautsky und Vandervelde.

Darin eben besteht ihr politisches Renegatentum. Darin eben besteht theoretisch, philosophisch die Vertauschung der Dialektik mit Eklektizismus und Sophistik. Die Dialektik ist konkret und revolutionär, den »Übergang« von der Diktatur einer Klasse zur Diktatur einer anderen Klasse unterscheidet sie von dem »Übergang« des demokratischen proletarischen Staates zum Nicht-Staat (»das Absterben des Staates«). Der Eklektizismus und die Sophistik der Kautsky und Vandervelde verkleistern der Bourgeoisie zuliebe alles Konkrete und Genaue im Klassenkampf, indem sie den allgemeinen Begriff des »Überganges« auftischen, wohinter man die Abkehr von der Revolution verbergen kann (und wohinter *neun Zehntel* der offiziellen *Sozialdemokraten* unserer Epoche diese Abkehr verbergen).

Vandervelde ist als Eklektiker und Sophist geschickter und raffinierter als Kautsky, denn vermittels der *Phrase*: *»Übergang vom Staat im engen Sinn zum Staat im weiten Sinn«* kann man alle Fragen der Revolution, welche es auch seien, umgehen, kann man alle Unterschiede zwischen Revolution und Reform, sogar die Unterschiede zwischen einem Marxisten und einem Liberalen umgehen. Denn welcher europäisch gebildete Bourgeois denkt schon daran, »schlechthin« die »Übergangsstufen« in einem solchen »allgemeinen« Sinne zu verneinen?

> »*Ich bin mit Guesde darin einverstanden*«, schreibt Vandervelde, »*dass es unmöglich ist, die Produktions- und Tauschmittel zu sozialisieren ohne vorherige Erfüllung der beiden folgenden Bedingungen:*
>
> *1. Die Umwandlung des heutigen Staates, des Organs der Herrschaft einer Klasse über die anderen, in das, was Menger den Volksstaat der Arbeit nennt, vermittels der Erringung der politischen Macht durch das Proletariat.*
>
> *2. Die Trennung des Staates als Organ der Autorität vom Staat als Organ der Leitung, oder, um einen Saint-Simonistischen Ausdruck zu gebrauchen, die Trennung der Regierung der Menschen von der Verwaltung der Sachen.*« (S. 89.)

Das schreibt Vandervelde kursiv, um die Bedeutung dieser Sätze besonders zu betonen. Aber das ist doch der reinste eklektische Brei, der völlige Bruch mit dem Marxismus! Der »Volksstaat der Arbeit« ist doch lediglich ein Abklatsch des alten »freien Volksstaates«, mit dem die deutschen Sozialdemokraten in den siebziger Jahren prunkten und den Engels als Unsinn brandmarkte. Der Ausdruck »Volksstaat der Arbeit« ist eine Phrase, würdig eines kleinbürgerlichen Demokraten (nach Art unserer linken Sozialrevolutionäre) – eine Phrase, die die Klassenbegriffe durch *außerhalb der Klassen* liegende Begriffe ersetzt. Vandervelde stellt die Eroberung der Staatsmacht *durch das Proletariat* (eine Klasse) in eine Reihe mit dem »Volks«staat, ohne zu bemerken, dass da ein Brei entsteht. Bei Kautsky ergibt sich bei seiner »reinen Demokratie« derselbe Brei, dieselbe anti-revolutionäre kleinbürgerliche Ignorierung der Aufgaben der Klassenrevolution, der proletarischen Klassendiktatur, des (proletarischen) *Klassen*staates.

Weiter. Die Regierung der Menschen wird erst dann verschwinden, wird erst dann der Verwaltung von Sachen Platz machen, wenn *jeglicher* Staat abgestorben sein wird. Mit dieser verhältnismäßig fernen Zukunft verrammelt und verdunkelt Vandervelde die Aufgabe des *morgigen* Tages: die Bourgeoisie *zu stürzen*!

Ein solches Verfahren kommt wiederum der Liebedienerei vor der liberalen Bourgeoisie gleich. Der Liberale ist einverstanden, darüber zu sprechen, was dann sein wird, wenn die Menschen nicht mehr regiert werden müssen. Warum sollte man sich auch nicht mit derart unschädlichen Phantasien beschäftigen? Aber über die Unterdrückung des Widerstandes der Bourgeoisie durch das Proletariat, der Bourgeoisie, die ihrer Enteignung Widerstand entgegensetzt, – darüber wird geschwiegen. Das erfordert das Klasseninteresse der Bourgeoisie.

»Der Sozialismus gegen den Staat.« Das ist eine Verbeugung Vanderveldes vor dem Proletariat. Sich verbeugen ist nicht schwer, jeder »demokratische« Politiker versteht, vor seinen Wäldern Verbeugungen zu machen. Aber unter dem Deckmantel der »Verbeugung« wird ein antirevolutionärer, antiproletarischer Inhalt angebracht.

Vandervelde erzählt ausführlich Ostrogorski nach, wie viel Betrug, Gewalt, Bestechung, Lüge, Heuchelei, Bedrückung der Armen sich hinter dem zivilisierten, geleckten, glatten Äußeren der modernen bürgerlichen Demokratie verbirgt. Aber eine Schlussfolgerung zieht Vandervelde nicht daraus. Dass die bürgerliche Demokratie die werktätige und ausgebeutete Masse unterdrückt, die *proletarische Demokratie* jedoch die *Bourgeoisie* wird *unterdrücken* müssen, bemerkt er nicht. Kautsky und Vandervelde sind demgegenüber blind. Das Klasseninteresse der Bourgeoisie, hinter der diese kleinbürgerlichen Verräter des

Marxismus einher trotten, *fordert* das Umgehen dieser Frage, das Totschweigen dieser Frage oder die direkte Verneinung der Notwendigkeit einer solchen Unterdrückung.

Kleinbürgerlicher Eklektizismus gegen den Marxismus, Sophistik gegen die Dialektik, philisterhafter Reformismus gegen die proletarische Revolution, – so hätte das Buch Vanderveldes betitelt werden müssen.

Beilage III: Karl Kautsky

[16]Der Tod Karl Kautskys ist beinahe unbemerkt vorbeigegangen. Der jungen Generation sagt dieser Name relativ wenig. Es war jedoch eine Zeit, wo Kautsky im wahren Sinne des Wortes der Lehrer der proletarischen Avantgarde war. Allerdings war sein Einfluss in den angelsächsischen Ländern und zum Teil auch in Frankreich weniger stark; das aber erklärt sich aus dem schwachen Einfluss des Marxismus in diesen Ländern überhaupt; in Deutschland, Österreich, Russland und den anderen slawischen Ländern war Kautsky eine unbestrittene marxistische Autorität geworden. Die Versuche der gegenwärtigen Geschichtsschreibung der Komintern, die Dinge so darzustellen, als ob Lenin schon in seinen jungen Jahren in Kautsky einen Opportunisten gesehen und ihm den Krieg erklärt hätte, steilen eine grobe Fälschung der. Fast bis zum Weltkriege sah Lenin in Kautsky den wahren Fortsetzer der Sache von Marx und Engels.

Dieser Irrtum findet seine Erklärung im Charakter der Epoche, die eine Ära kapitalistischen Aufschwungs, eine Ära der Demokratie und der Anpassung des Proletariats war. Die revolutionäre Seite des Marxismus hatte sich in eine unbestimmte, jedenfalls ferne Perspektive verwandelt. Kampf um Reformen und Propaganda standen auf der Tagesordnung. Kautskys Werk bestand darin, die Poli-

16 Leo Trotzki, nach: Unser Wort. Halbmonatszeitung der IKD, Jahrgang 7, Nr. 1 (92), Mitte Februar 1939, S. 3

tik der Reformen vom Standpunkt einer revolutionären Perspektive aus zu kommentieren und zu rechtfertigen. Selbstverständlich hätte Kautsky bei einer Änderung der objektiven Bedingungen die Partei mit anderen Methoden ausrüsten können. Das traf jedoch nicht ein. Das Einsetzen einer Epoche großer Krisen und großer Erschütterungen offenbarte den durch und durch reformistischen Charakter der Sozialdemokratie und ihres Theoretikers Kautsky. Zu Beginn des Krieges brach Lenin entschlossen mit Kautsky. Nach der Oktoberrevolution veröffentlichte er ein schonungsloses Buch über den »Renegaten Kautsky.« Was den Marxismus angeht, so war Kautskys Haltung seit Beginn des Krieges unbestreitbar die eines Renegaten. Was jedoch seine Person betrifft, so war er seiner Vergangenheit gegenüber sozusagen nur zur Hälfte ein Renegat: als die Probleme des Klassenkampfes sich in ihrer ganzen Schärfe stellten, sah sich Kautsky gezwungen, die letzten Schlussfolgerungen seines organischen Opportunismus zu ziehen.

Kautsky hinterlässt zweifelsohne eine Reihe wertvoller Arbeiten auf dem Gebiet der marxistischen Theorie, die er erfolgreich auf den verschiedensten Gebieten anwandte. Sein analytisches Denken zeichnete sich durch eine außergewöhnliche Kraft aus. Aber er besaß nicht den universellen schöpferischen Geist eines Marx, Engels oder Lenin: Kautsky war im Grunde sein Leben lang nur ein talentierter Kommentator. Seinem Charakter und seinem Denken fehlte jene Kühnheit und jener Gedankenflug, ohne die eine revolutionäre Politik unmöglich ist. Beim ersten Kanonenschuss nahm er eine schwankende pazifistische Haltung ein, dann wurde er einer der Führer der Unabhängigen Sozialdemokratischen Partei, die eine Internationale 2½ schaffen wollte, um schließlich mit den Trümmern der Unabhängigen Partei In den Schoß der

Sozialdemokratie zurückzukehren. Kautsky begriff nichts von der Oktoberrevolution, hatte vor ihr den Schrecken eines kleinbürgerlichen Gelehrten und widmete ihr eine ganze Reihe von Arbeiten, die von einem Geiste erbitterter Feindschaft durchdrungen sind. Seine Werke aus dem letzten Vierteljahrhundert zeichnen sich durch vollständigen theoretischen und politischen Verfall aus.

Der Zusammenbruch der deutschen und österreichischen Sozialdemokratie war ebenfalls der Zusammenbruch der gesamten reformistischen Konzeption Kautskys. Gewiss versicherte er in der letzten Zeit auch weiter noch seine Hoffnung auf eine »bessere Zukunft«, auf eine »Wiedergeburt« der Demokratie usw.; dieser passive Optimismus war nur die Erschlaffung eines langen, arbeitsamen Lebens und auf seine Weise ehrlich, aber er enthielt keine selbständige Perspektive. Wir gedenken Kautskys als unseres alten Lehrers, dem wir seinerzeit viel zu verdanken hatten, der sich aber von der proletarischen Revolution lossagte und von dem wir uns folglich lossagen mussten.

Coyoacan, D.F., den 8. November 1938.

Ausgewählte Titel des Manifest Verlags

Wladimir I. Lenin: Staat und Revolution.
ISBN 978-3-96156-008-0, 12,90 Euro

Karl Liebknecht: Der Hauptfeind steht im eigenen Land! Reden und Schriften gegen Militarismus und Krieg.
ISBN 978-3-96156-005-9, 14,90 Euro

Wladimir I. Lenin: Der Imperialismus als höchstes Stadium im Kapitalismus
ISBN 978-3-96156-016-5, 10,50 Euro

Wladimir I. Lenin: Der »linke Radikalismus«, die Kinderkrankheit im Kommunismus
ISBN 978-3-96156-029-5, 9,90 Euro

Leo Trotzki: Revolution in Deutschland
ISBN 978-3-96156-060-8, 11,90 Euro

Wolfram Klein: Rosa Luxemburg - Ihre politischen Ideen.
ISBN 978-3-96156-089-9, 14,90 Euro

Wladimir I. Lenin: Was tun?
ISBN 978-3-96156-117-9, 11,90 Euro

Rosa Luxemburg: Massenstreik, Partei und Gewerkschaften
ISBN 978-3-96156-065-3, 8,90 Euro